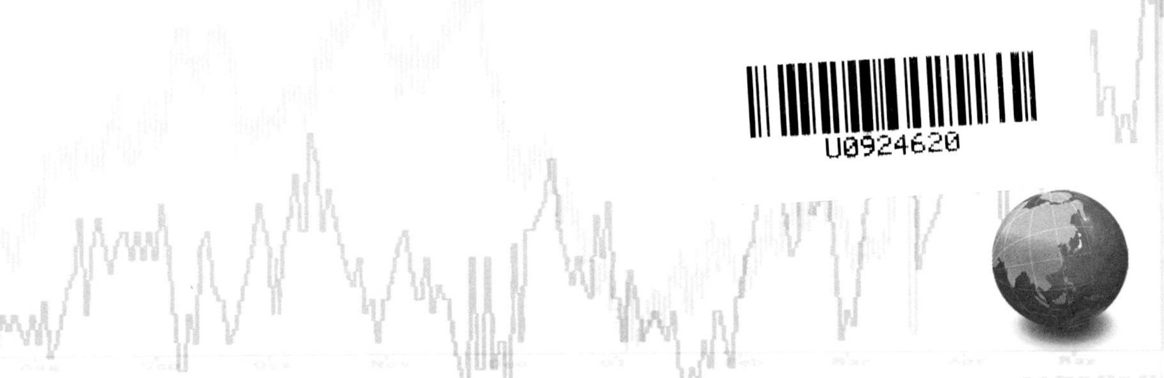

可比公司法应用研究

KEBI GONGSIFA YINGYONG YANJIU

程凤朝◎著

中国人民大学出版社

·北京·

作者简介

程凤朝，管理学博士，现供职于中国投资有限责任公司（中央汇金公司），任中国农业银行股权董事；兼中国证监会第二届并购重组专家咨询委委员，中国上市公司协会并购融资委员会执行委员；此前曾任中国证监会第一、二、三届并购重组委员会委员，湖南大学博士生导师，北京大学汇丰商学院客座教授，中国社会科学院特聘教授，中央财经大学、首都经贸大学硕士生导师。

作者简介

内容摘要

如何评估轻资产、高成长企业的价值，是上市公司并购重组中遇到的突出问题。普遍的做法是，用资产基础法（成本法）和折现现金流法（收益法）两种方法评估，且相互验证，而两种评估结果往往差距较大，验证没有实质意义，交易定价缺少合理依据。

华尔街一定程度上是投资银行的代名词，这里不仅不断创造出金融和金融衍生产品，也创造出如何评估这些产品的理念和方法。投资银行家们不仅撮合兼并重组交易，而且为交易提供价值评估。他们运用多种方法、从多个维度去观察企业价值，最终给出一个隐含的价值区间，供交易双方参考。本书通过深入分析，认为在我国资本市场中基本具备应用可比公司法的条件，但要创新使用，与市盈率、折现现金流法相互验证，为市场化并购重组创造条件。

本书立足于解决当前和今后市场化并购的实际需要，内容包括如下方面：第一，分析国内评估方法相互验证现状，指出存在的不匹配现象，改进评估方法势在必行、迫在眉睫；第二，介绍华尔街投行专家们是如何进行估值验证的，重点阐述可比公司法的估值理念和思路，他们把评估既当做科学，又当做艺术，精雕细琢每一个案例，最后得出类似“足球场”似的价值区间；第三，分析我国应用可比公司法的条件，重点介绍如何从金融服务商的专业软件商提取应用可比公司法所需要的数据；第四，指出我国应用可比公司法不能机械照搬，而应在流动性折扣和控制权溢价等不少方面创新发展；第五，运用可比公司法重估一些有代表性的并购重组案例，试图说明可比公司法应用的可行性和实践意义。

感 悟

刘旭（硕士研究生，毕业于首都经济贸易大学，现就职于西南证券并购融资总部）：从 2011 年读研开始，我一直跟随程老师研究我国并购重组中标的资产估值定价问题，毕业后又直接从事并购重组业务相关工作。在我所亲身经历和接触过的并购案例中，可以说交易标的估值定价的公允性是交易各方及监管部门关注的焦点，甚至是交易成败的关键。根据相关要求，交易标的的评估需要使用两种方法相互验证。但是很多案例中两种方法得到的评估值相差很大，无法相互验证，导致评估结果本身不具有说服力。财务顾问习惯于使用市盈率水平来说明估值的合理性，但明显显得单薄和无力。这次和老师一起研究可比公司法并在我做的项目中直接使用，感到可比公司法非常好用、实用。再与折现现金流法比较验证，非常有说服力，我相信我们的研究成果一定会得到市场广泛认可。

温馨（硕士研究生，毕业于首都经济贸易大学，现就职于中化集团）：

作为一名评估专业的研究生，和程老师一起致力于研究可比公司法在我国上市公司并购重组中的应用，使我受益良多。华尔街投行家们先于我们应用可比公司法，是因为他们具备获取财务数据和行业信息的多元、公开的渠道及较为可靠的共识性预测。以前国内评估实务中，市场途径的评估虽有涉及，但使用较少，原因也在于此。目前我国是否具备应用可比公司法的条件呢？在我尝试对并购案例进行价值重估时，搜集同行业的可比公司以及评估所需财务数据，都可以通过同花顺 IFIND 获取，操作方法简单易懂。所以，我相信我们的研究成果一定会被广大投资者所接受，这也将促进投资者形成理性的价值观，为市场化并购重组的有序开展创造条件。

李雪飞（硕士研究生，首都经济贸易大学资产评估专业在读硕士研究生）：我虽然是在校研究生，但此前已有 10 年评估经历，这次和程老师一起研究可比公司法感受颇深。第一，资产评估作为资本市场重要的中介服务，与资本市场相互依存，共同成长。现在是国内外兼并重组的新一轮热潮，而且重点是轻资产、高成长企业，这就需要评估理念和方法的创新和发展，我们研究可比公司法正是基于这一需要。第二，任何评估方法都是科学与艺术的结合，单纯追求任何一个方面都会偏离实际，这正是华尔街投行们的高明之处，这次在我们的研究成果中充分体现了这一点。第三，评估结论作为并购双方交易的定价参考依据，应当以区间值表示，无论是评估界还是投行界，作为中介机构，在并购项目中起到的作用都是促成并购双方的交易，因此，作为定价参考依据的评估结论应当尽可能地作为几种方法结论的交集，确定最为合理的估值结论，而不是单纯地越大越好。相信这将成为评估界和投行界的共识，这也是我跟随老师研究可比公司法的最大收获。这一理念的推广虽然需要很大的努力，但改革势在必行。

目 录

绪 论

继《中国上市公司并购重组实务与探索》出版之后，我又和我的学生刘旭、温馨、李雪飞等一起深入研究并购重组中最为关键的资产价值评估问题，这是一直以来备受争议、备受诟病、最难操作的问题。被并购企业价值是否需要评估？用什么方法评估？评估结果是用单一绝对值表述，还是用区间值表述？评估与交易定价如何衔接？这些问题都应该得到很好的解决，否则，就会影响并购重组尤其是市场化并购的健康发展。

首先，我们研究认为，市场化并购、分道制审核同样需要评估，这是因为：第一，评估可以帮助交易各方对标的企业形成合理、恰当的价值判断。一项并购至少要涉及三四个利益主体，这些利益主体除了少数管理层人员了解情况外，大多数董事尤其是股东不全是专业人士，对交易定价的决策情况无从了解，即使是参与谈判的管理层人员对首次出让或受让资产究竟定什么价格也是很茫然的。事实上，资产价格没有高和低之分，核心是对交易各方、各利益相关主体要体现公平、公允。交易定价本质上是一个充分博弈的过程，但博弈也需要有一个价值基准。这个基准从哪里来?在没有交易先例的情况下，独立的第三方提供的评估意见是比较好的选择。第二，部分涉及国有资产的并购重组业务，相关规定有着明确要求，即必须经过评估程序。[①] 事实上，不仅是国有资产交易有要求，通过评估还可以发现和明确一些表外资产或无形资产的价值，可以解决一些历史遗留问题，这一点对所有企业都适用。如某民营企业拟将其企业整体置入上市公司，但其所属的一个车间是自己建造的，历史成本不完整，通过评估取得了市场公允价值，得以顺利置入。第三，评估实际上也是一个进行尽职调查的过程，无论采用什么方法，评估都要经过资产清查、现场勘察、价值鉴定等详细过程。通过这些程序，可以发现无效资产和一些不合理的假设，以有效保护投资者的利益。尤其是在当前越来越多的市场化并购中，并购方对被并购方的情况了解不可能十分充分，特别是一些轻资产、高成长企业，主要是依据对未来外部环境和内部条件的合理假设。这些工作由独立的第三方来做，肯定比并购双方自己做或者利益相关方来做有优势。所以说，我们认为，对于并购重组尤其是市场化并购，资产评估的作用只能加强，不能削弱。

其次，对持续经营企业的价值评估首选收益法，但需要用具有内在联系的方法进行验证，以弥补单一方法的内生缺陷。说其首选收益法，是因为这一方法的途径符合并购重组的方向，因为收益法是对未来若干年净收益（自由现金流量）和终值的贴现，而并购重组的目的正是着眼于被并购企业的未来收益；说其存有内生缺陷，是因为这一方法基于若干假设，如加权平均资本成本和终值假设通常对评估结果有实质性的影响，即使是轻

① 《企业国有资产评估管理暂行办法》、《关于加强企业国有资产评估管理工作有关问题的通知》、《上市公司重大资产重组管理办法》、《资产评估准则——企业价值》、《资产评估操作专家提示——上市公司重大资产重组评估报告披露》、《上市公司收购管理办法》。

微的变化，也可能产生较大的估值误差。实践证明，如果使用单一的收益法且把评估结果表述为单一的绝对值，并以此作为定价基础是不可靠的。那么，用什么方法验证呢？目前国内普遍的做法是使用资产基础法即成本法，极个别的采用市场法。由于成本法的适用对象是单项资产，评估其重置价值，更多适用于清算、报税等用途，基本不适用企业价值评估，尤其不适用轻资产、高成长的企业价值评估；市场法是基于参照物相同或基本相近的标的，经过适当参数调整，得到被评估资产的价值。对并购一家非上市企业而言，很难找到一家完全相同的已经交易的参照企业。所以，目前国内并购重组采用的验证方法不够科学严谨，以致经常出现两种方法评估结果相差悬殊的现象。而华尔街投行家们则更多使用可比公司估值法（comparable companies analysis，以下简称可比公司法）、交易先例估值法（precedent transactions analysis）与现金流量贴现法（discounted cash flow analysis）相互验证，并且三种方法都用区间值表述，将交集部分作为定价参考依据。如果未出现交集，他们认为应该重新审视每种方法的假设前提，必要时进行微调。常见误差可能出现在财务预测（通常影响力最大）[①]、加权平均资本成本或终值的假设上。经过“科学＋艺术”的努力，通过具有内在联系的方法应该能够找到与标的资产价值几乎接近的结果。

经过深入研究，我们认为，我国资本市场已经具备应用可比公司估值法的基础和条件。第一，上市公司板块几乎涵盖所有产业和行业，并且已经有了主板、中小板和创业板的划分，不同行业、不同规模、不同层次的企业都能找到可比公司；第二，信息披露作为公司治理的重要组成部分，要求越来越具体和严格，打击虚假披露的力度越来越大，上市公司信息的披露质量明显提高，为可比公司法的应用奠定了坚实基础；第三，像同花

① 运用管理层预测而没有单独分析和测试潜在假设时常见的缺陷。

顺等金融专业服务商日趋成熟，可以任意垂直搜索可比公司法应用的相关数据。所以，本课题就是基于这样的前提，热切建议引进可比公司法，并适当加以改造创新，作为收益法的验证配套方法，对并购重组拟收购企业的企业价值进行评估。由于我国现阶段并购重组多是上市公司收购非上市公司，所以暂不具备应用交易先例法的前提①，暂不建议勉强使用交易先例法。

需要强调，同时使用收益法和可比公司法评估被收购企业价值，一定不能将评估值表述为一个绝对值。这是因为，截至目前，评估界、投资银行界还没有一种方法能够精准地评估持续经营企业的价值，未来企业价值总是存在一定的不确定性。但是，通过两种以上方法评估②，尽可能将被收购对象的隐含价值区间缩小，能够方便并购双方决策者决策。

最后，要恰当处理好企业价值评估与交易定价的关系。我们一直认为，估值和交易定价是两种不同性质的工作，价值不等于价格。从评估角度讲，第一，企业价值评估是由独立的评估机构完成的。第二，评估机构的评估报告都有郑重声明，注册资产评估师执行资产评估业务的目的是对评估对象的价值进行估算并发表专业意见，并不承担相关当事人决策的责任。评估结论不应当被认为是对评估对象可实现价格的保证。第三，如上所述，评估结论不应为绝对值，而是一个价值区间。由此可见，评估机构在整个并购重组过程中扮演的只是对标的企业价值评估的角色，而不是定价的决策者。

再从交易定价的主体看，交易双方出于不同的目的考虑的因素既有相同之处，也一定有不同之处。第一，双方都要考虑公开市场交易价格，这

---

① 交易先例法的应用前提是找到已经交易过的先例，多发生在上市公司之间，有充分披露的信息作为基础，在我国可能很难找到一个强相关的交易先例。

② 除了应用收益法、可比公司法以外，有条件的企业可以应用其他市场比较法，如市盈率、市净率等。

是最直接的参考尺度，双方都不会过大地背离这个尺度。第二，双方都会考虑所处行业的景气程度，都会对行业未来的发展和成长作出判断。第三，买方可能更多考虑的是协同效应，即在原有资产、技术、成本、市场、绩效等基础上，叠加一个新的单元，是否会带来积极变化。比如，对比新建一个同样规模的企业要有多大投入，新建企业能否达到并购的效果，如果达不到，适当给出一些溢价实施并购可能更合适；如果新建企业比并购的成本低、后期经营业绩好，那就要压价购买。第四，卖方必然要考虑上市公司的股票价格，并购基准日的个股价格处于历史的什么位置，是高还是低，还是中间价，与大市是吻合还是不吻合。如果股价处于历史高位或在大市之上，卖方必然要在企业价值评估的基础上加价出售。第五，买卖双方的购买动机。有无一方迫于出售或迫于购买？如果有，显然存在一方占优势、另一方占劣势的情形。第六，购买方式。上市公司是全部以股票方式购买，还是以股票＋现金方式？现金是一次支付还是分期支付？这些都会对交易价格有显著影响。第七，是否附带对赌协议。定价时若双方对估值分歧较大，可增加对赌协议，暂时搁置争议，着眼未来发展。通常是买方作出让步，卖方用现金或股票承诺未来如出现业绩差距将予以弥补。第八，双方股东的风险偏好。在我国并购重组操作中，审批的最终环节是股东大会，并购重组最终的交易价格要取决于股东大会的表决结果。显然，股东的风险偏好决定了投出的是赞成票还是反对票。目前通行做法是以收益法评估结果作为交易价格，再加上业绩承诺作为保障。实际上，我们知道，对于同一资产的价值，由于用途或认识不同，交易各方所能接受的交易价格可能差异很大。如一个轻资产企业，对于急于从该领域脱身的出售方来说，可能是一鸡肋；而对于想在该行业精耕细作的购买方来说，可能会因具有潜在协同效应而被视为珍宝。因此，标的企业定价，应当是在上述合理的价值区间基础上，再结合各自判断，由交易双方

经过充分博弈得出。至于有无业绩承诺，市场化并购应完全取决于并购双方对估值的讨论程度。如果暂时争议较大，为了不影响并购时机，暂时搁置争议，将来视业绩完成程度，一方给另一方一个补偿是最好的选择。硬性规定有无业绩承诺都是不合理的。

基于上述认识，该书安排以下结构：

（1）国内评估方法相互验证现状。企业价值评估准则、重大资产并购重组管理办法等相关规定，要求用两种以上方法评估企业价值。从实际情况看，有以收益法为依据，以资产基础法验证的；有以资产基础法为依据，以收益法验证的；有以收益法为依据，以市场法验证的；也有以市场法为依据，以收益法验证的。从评估结果看，无论运用以上哪种方法相互验证都存在不匹配现象，改进评估方法势在必行、迫在眉睫。

（2）华尔街投行估值方法概述及对我们的启示。后次贷危机和随之而来的信贷紧缩，使华尔街的投行专家们认识到，金融世界要回归到基本面估值中来，这涉及要使用更为现实的假设，如预期的财务业绩、贴现率、市盈率、杠杆水平和融资条件等。着眼于当前的估值更多涉及的是“艺术”，但要经受时间“科学”的考验。所以，他们在收购与兼并过程中更加注重估值方法的恰当运用，用相互联系的至少两种以上方法对同一标的物进行估值，同时注入估值背后实际情况的研判，审慎确定估值区间。所有这些都值得我们学习借鉴。

可比公司法的前提是相似的公司与特定估值对象相比，具有高度相关性，即它们主要的业务和财务特点、业绩驱动因素和风险都很相似。因此，投行专业人员可以通过确定一个公司相对同类企业的情况建立标的的估值变量。这个估值的核心是为评估对象选择一系列可比公司（可比公司群）。这些公司与评估对象的财务指标和比率互相作为参照。计算可比公司群的估值乘数，作为被评估对象估值区间的基准。这一估值区间是通过将所选乘数乘以估值对象的财务数据得到的。应用最广泛的估值乘数是企业价值比上息税折旧摊销前利润（EV/EBITDA）乘数以及市盈率（P/E）乘数。尽管市盈率是华尔街圈子之外最为认同的指标，但是投行专业人员广泛使用基于企业价值的乘数，因为这些指标排除了资本结构以及其他与企业经营无关的因素对评估值的影响（例如税收差异以及会计政策的差异）。

可比公司分析旨在反映基于市场普遍状况和情绪下“当前”的价值，因而在很多情况下它比现金流贴现估值更有相关性。同时，市场交易状况可能会因为不理性投资者的情绪波动，导致估值过高或过低。况且，没有两家企业完全相同，因此基于相似公司交易特征的估值方法可能不能准确描述特定公司的真实价值。所以，可比公司法要和其他估值方法如收益法一同使用，相互验证。

（3）国内应用可比公司法的条件分析。该部分除了分析资本市场目前的规模、层级外，着力说明信息披露作为公司治理的重要组成部分，要求越来越严格，要披露及时、真实性高，这就为应用可比公司法奠定了基础；同时，介绍专业的金融数据服务商为应用可比公司法创造的有利条件：可以任意搜索包括但不限于上市公司的研究报告、年报、季报和临时报告，垂直搜索并计算上市公司股权价值、企业价值、各种交易乘数、各项比率、增长率等指标。同时，本部分详细介绍使用金融数据终端搜集数据和计算方法，可以大大精简复杂的计算程序，提高计算的精准性。

（4）国内应用可比公司法改进创新研究。尽管华尔街投行界广泛应用可比公司法，但鉴于我国资本市场的发育程度，我们认为，要在并购重组中广泛应用可比公司法还要加以研究改进。可比公司法应用的关键在于找到与标的企业在各个方面都高度相似的可比公司。在找到可比公司后，如何计算可比公司股权价值、是否进行非经常性损益调整、价值区间是怎样形成的以及流动性折扣、控制权溢价等特殊因素的考虑都需要进行深入研究和探讨。本部分针对上述问题进行了阐述和说明，对华尔街的做法进行了一定的改进。

（5）运用可比公司法重估并购重组案例。可比公司法究竟是否可以在我国并购重组中应用？我们在这部分试图给出诠释，即对已经出售给上市公司的企业价值运用可比公司法进行重估，看一看是否与当时应用的收益法的评估结论接近。对结论不接近的案例，我们再对收益法的假设前提进行回顾检查，找出问题所在。最后归纳总结可比公司法的应用途径。

第一章

国内评估方法相互验证现状

目前我国上市公司并购重组交易中，基本上还是以交易标的的评估值为定价参考，甚至直接以评估结果作为交易定价。无论是交易双方博弈、一般投资者的投资决策还是监管部门的行政审核，都与交易标的的估值定价密切相关。可以说，资产评估已经成为并购交易的焦点和成功与否的关键。

我国相关法律法规规定，重大资产重组中相关资产以资产评估结论作为定价依据的，资产评估机构原则上应当采取两种以上评估方法进行评估。两种方法理论上应该相互验证、互为支撑。从目前的交易情况看，并购重组中评估方法互为验证的情况如何？估值结论是否能够相互验证？本章从国内资产评估的相关规定出发，通过统计数据分析，揭示目前我国并购重组交易中两种评估方法相互验证现状及存在的问题。同时从三大评估方法的局限性入手，提出选择与评估标的性质特点相匹配的评估方法进行相互验证。

一、国内评估方法相关规定与要求

随着我国资本市场的逐步发展和成熟，资产评估在产权交易、并购重组、破产清算等经济行为中的作用越来越突出。国家国有资产管理委员会、中国证券监督管理委员会以及中国资产评估协会等部门和行业组织高度重视资产评估工作，先后颁布了《企业国有资产评估管理暂行办法》、《关于加强企业国有资产评估管理工作有关问题的通知》、《上市公司重大资产重组管理办法》、《中央企业资产评估项目核准工作指引》、《资产评估准则——企业价值》等规定，对资产评估的应用范围、评估方法的选择及相互验证等方面提出了明确要求。

（一）《企业国有资产评估管理暂行办法》的相关规定

企业有下列行为之一的，应当对相关资产进行评估：整体或者部分改建为有限责任公司或者股份有限公司；以非货币资产对外投资；合并、分立、破产、解散；非上市公司国有股东股权比例变动；产权转让；资产转让、置换整体资产或者部分资产租赁给非国有单位；以非货币资产偿还债务；资产涉讼；收购非国有单位的资产；接受非国有单位以非货币资产出资；接受非国有单位以非货币资产抵债；法律、行政法规规定的其他需要进行资产评估的事项。[①]

① 参见《企业国有资产评估管理暂行办法》，2005年9月1日起施行。

（二）《上市公司重大资产重组管理办法》的相关规定

资产交易定价以资产评估结论为依据的，上市公司应当聘请具有相关证券业务资格的资产评估机构出具资产评估报告。重大资产重组中相关资产以资产评估结论作为定价依据的，资产评估机构原则上应当采取两种以上评估方法进行评估。上市公司董事会应当对评估机构的独立性、评估假设前提的合理性、评估方法与评估目的的相关性以及评估定价的公允性发表明确意见。上市公司独立董事应当对评估机构的独立性、评估假设前提的合理性和评估定价的公允性发表独立意见。①

（三）《资产评估准则——企业价值》的相关规定

注册资产评估师执行企业价值评估业务，应当根据评估目的、评估对象、价值类型、资料收集情况等相关条件，分析收益法、市场法和成本法（资产基础法）三种基本资产评估方法的适用性，恰当选择一种或者多种基本资产评估方法；注册资产评估师对同一评估对象采用多种评估方法时，应当对各种初步评估结论进行分析，结合评估目的、不同评估方法使用数据的质量和数量，采用定性或者定量分析方式形成最终评估结论；注册资产评估师在评估报告中披露评估方法的运用实施过程时，通常包括下列内容：评估方法的选择及其理由；评估方法的运用和逻辑推理过程；主要参数的来源、分析、比较和测算过程；对初步评估结论进行分析，形成

① 参见《上市公司重大资产重组管理办法》，2011 年 8 月 1 日修订。

最终评估结论的过程。①

二、并购重组中资产评估方法相互验证情况

资产评估方法在并购重组中的运用，是随着并购重组的方式及内容变化而变化的。我国资本市场开展并购重组业务以来，经历了同一控制下并购向市场化并购的转变；购买资产、资产置换向发行股份购买资产的转变；传统行业向战略新兴行业转变的历程。与此同时，资产评估方法也从以成本法（资产基础法）为主，向综合运用成本法、收益法和市场法过渡。

（一）并购重组中使用的评估方法

我国资产评估实务中的三大方法，即市场法、收益法和成本法，以及由三大方法衍生出来的其他评估方法共同构成了资产评估的方法体系。不论是通过与市场参照物进行比较得出评估对象的价值，还是根据评估对象的预期收益贴现获得其评估价值，抑或是按照资产的再取得途径确定评估对象的价值，都是对评估对象在不同角度下的价值的描述。理论上说，它们之间是有内在联系并可互相替代的，在相同的市场条件下对处在相同状态下的同一对象进行评估，所得出的评估值客观上应该是一致的，并可以通过不同方法对评估值进行相互验证。需要指出的是，由于各种评估方法是从不同的角度去体现资产的价值，其结论之间自然也会存在差异。随着

① 参见《资产评估准则——企业价值》，2012 年 7 月 1 日起施行。

我国证券市场不断发展以及上市公司信息披露规范化程度的提高，采用市场途径进行资产评估的条件也基本具备，同时伴随着并购交易的市场化，应更多采用市场途径进行估值，并将多种评估方法有机结合、对估值结论进行相互验证，以提高评估结论的公允性。

岳公侠、李挺伟、韩立英（2011）撰写的《上市公司并购重组企业价值评估方法选择研究》，对2008年1月—2010年12月间中国上市公司公告的重大重组事项进行了汇总，从中选取了资料齐备的547项企业价值评估样本进行统计分析①，结果见表1—1。

表1—1　企业价值评估分析结果（%）

评估方法	2008年	2009年	2010年	总体
资产基础法	86	98	93	93
收益法	62	79	85	75
市场法	13	3	7	7

表1—1显示，2008—2010年，选用资产基础法的评估业务比例最高，占到总数的93%，选用收益法评估的业务比例逐年上升，从2008年的62%上升到2010年的85%。采用市场法评估的业务比例较低，平均占到评估业务总数的7%。

（二）定价参考依据的选取

在上述并购重组案例中，最终被作为定价参考依据的评估结论中，资产基础法使用比例最高，其比例2009年达到85%，但在2010年下降至相对低位，为54%，总体为70%；以收益法作为最终评估结论的比例在2010

① 占比计算方法为采用该方法的评估报告数除以样本评估报告总数。样本评估报告中，部分报告对标的资产仅采用1种方法评估，故三种方法累计之和不等于200%。

年有显著的上升，达到45％，总体为28％；而市场法的应用则刚刚起步，占比很小（见表1—2）。

表1—2

评估结论	2008年（％）	2009年（％）	2010年（％）	总体（％）
资产基础法	74	85	54	70
收益法	23	15	45	28
市场法	3	0	1	2

（三）不同评估方法的相互验证情况

为了进一步说明目前我国并购重组交易评估方法选用存在的问题，我们统计了2012年1月—2013年9月并购重组评估情况，沪深两市上市公司共披露使用两种评估方法进行评估的资产评估报告711份。其中，使用资产基础法与收益法相互验证的共656份，占92.26％；使用收益法与市场法相互验证的共33份，占4.64％；使用市场法与资产基础法相互验证的共22份，占3.09％（见表1—3）。

表1—3

选用方法 板块	收益法、市场法	占比（％）	资产基础法、市场法	占比（％）	资产基础法、收益法	占比（％）	总计
创业板	6	6.52	1	1.09	85	92.39	92
沪市主板	7	4.35	6	3.73	148	91.93	161
深市主板	10	2.73	12	3.28	344	93.99	366
中小板	10	10.87	3	3.26	79	85.87	92
总计	33	4.64	22	3.09	656	92.26	711

统计结果表明，各个板块上市公司披露的评估报告，其评估方法选择情况基本类似，大部分以资产基础法与收益法相互验证评估结论，占所有评估案例的92.26％，而选用收益法与市场法相互验证、选用资产基础法

与市场法相互验证分别占所有评估案例的4.64%和3.09%。

1. 评估结论的选取

在已披露的711份评估报告中，选用市场法评估值作为评估结论的共有10份，占1.41%；选用收益法评估值作为评估结论的共468份，占65.82%；选用资产基础法评估值作为评估结论的共233份，占32.77%。

（1）板块角度的评估结论选取。

分板块来看，除沪市主板以外，其余板块均主要以收益法评估值作为评估结论。创业板上市公司共披露评估报告92份，其中选取收益法评估值作为评估结论的评估报告共86份；深市主板共披露评估报告366份，其中选取收益法评估值作为评估结论的评估报告共254份；中小板共披露评估报告92份，其中选取收益法评估值作为评估结论的评估报告共65份。而沪市主板共披露评估报告161份，其中选取收益法评估值作为评估结论的评估报告共63份，选取资产基础法评估值作为评估结论的评估报告共95份（见表1—4）。

表1—4

评估结论选取	市场法	收益法	资产基础法	总计
创业板		86	6	92
沪市主板	3	63	95	161
深市主板	5	254	107	366
中小板	2	65	25	92
总计	10	468	233	711

（2）行业角度的评估结论选取。

按照证监会新行业分类，主要以收益法评估值作为评估结论的有9个行业，占行业总数的56.25%；主要以资产基础法评估值作为评估结论的有6个行业，占行业总数的37.5%；主要以市场法评估值作为评估结论的仅有金融业，占行业总数的6.25%。分行业来看，评估结论的选用具有一定的行业特征，目前具有轻资产性质的行业如信息传输、软件和信息技术服务业，多以收益法作为评估结论，而一些具有前期资本投入大、建设周期长等特点的行业仍以资产基础法作为评估结论。此外，在披露评估报告的16个行业中，以市场法作为评估结论的行业仅有3个，分别为：电力、热力、燃气及水生产和供应业；金融业；制造业（见表1—5）。

表1—5

所属行业	市场法	收益法	资产基础法	总计
采矿业		7	19	26
电力、热力、燃气及水生产和供应业	1	10	29	40
房地产业		5	24	29
建筑业		5	2	7
交通运输、仓储和邮政业		7	13	20
金融业	5	3	2	10
科学研究和技术服务业		4		4
农、林、牧、渔业		5	1	6
批发和零售业		9	20	29
水利、环境和公共设施管理业		6		6
文化、体育和娱乐业		22	1	23
信息传输、软件和信息技术服务业		132	5	137
制造业	4	241	112	357
住宿和餐饮业		1	2	3
综合		2		2
租赁和商务服务业		9	3	12
总计	10	468	233	711

（3）交易类型角度的评估结论选取。

从评估业务所服务的交易类型来看，上市公司作为并购方购买被并购方股权或资产的交易中①，主要以收益法评估值作为评估结论。这类交易

① 主要包括对外投资、发行股份购买资产、股权收购、资产收购、增资。

案例占该类交易评估报告数的71.22%，其中，上市公司对外投资标的企业评估报告共96份，以收益法评估值作为评估结论的报告有93份，占96.88%；上市公司股权收购类型的标的企业评估报告共316份，以收益法评估值作为评估结论的报告有212份，占67.09%；而上市公司股权转让类交易资产评估报告共200份，以收益法评估值作为评估结论的有112份，占56.00%（见表1—6）。

表1—6

交易类型	市场法	收益法	资产基础法	总计
对外投资		93	3	96
发行股份购买资产		18	17	35
股权收购	5	212	99	316
股权置换		3	3	6
股权转让	2	112	86	200
减资			1	1
吸收合并	1	2		3
增资	1	12	11	24
资产收购		4	1	5
资产置换		4	7	11
其他	1	8	5	14
总计	10	468	233	711

2. 评估结论的相互验证

2012—2013年9月，上市公司披露的评估报告使用两种评估方法进行验证的案例中，以收益法与市场法相互验证的共有33份，其中以收益法评估值作为评估结论的有31份，占93.94%；以资产基础法与收益法相互验证的共有656份，其中以收益法评估值作为评估结论的有437份，占66.62%；以资产基础法与市场法相互验证的共有22份，其中以资产基础法评估值作为评估结论的有14份，占63.64%

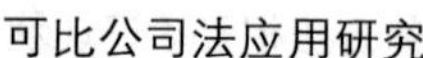

（见表 1—7）。

表 1—7

评估结论	市场法	收益法	资产基础法	总计
收益法、市场法	2	31	—	33
资产基础法、市场法	8	—	14	22
资产基础法、收益法	—	437	219	656
总计	10	468	233	711

以资产基础法和收益法相互验证的，其评估值差异率最大①，平均差异率为 129.51%；以市场法与收益法相互验证的，其评估值差异率最小，平均值为 12.28%；以资产基础法与市场法相互验证的，其评估值差异率的平均值为 24.53%。

（1）板块角度的评估结论验证情况。

分板块来看，创业板上市公司评估报告中，资产基础法与收益法相互验证的差异率平均值为 275.67%；中小板上市公司评估报告中，资产基础法与收益法相互验证的差异率平均值为 293.43%；而两种评估结论差异率最小的是深市主板披露的以收益法与市场法相互验证的情况，差异率的平均值为 6.44%（见表 1—8）。

表 1—8

评估结论差异情况	收益法、市场法（%）	资产基础法、市场法（%）	资产基础法、收益法（%）	板块平均（%）
创业板	9.74	17.93	275.67	255.52
沪市主板	11.01	31.85	60.50	57.28
深市主板	6.44	21.04	85.44	81.17
中小板	20.53	26.10	293.43	255.05
总计	12.28	24.53	129.51	120.82

① 评估值差异率的计算方法为两种方法评估值之比减 1 的绝对值。

（2）行业角度的评估结论验证情况。

分行业来看，两种评估方法的评估结论差异较大的行业主要有文化、体育和娱乐业，租赁和商务服务业，科学研究和技术服务业。两种评估方法差异较小的行业主要有住宿和餐饮业，水利、环境和公共设施管理业，农、林、牧、渔业，批发和零售业，以及交通运输、仓储和邮政业（见表1—9）。

表1—9

评估结论差异情况	收益法、市场法（%）	资产基础法、市场法（%）	资产基础法、收益法（%）	行业平均（%）
采矿业			81.69	81.69
电力、热力、燃气及水生产和供应业		14.76	50.98	50.08
房地产业			66.52	66.52
建筑业*	1.90		2 204.05	1 889.46
交通运输、仓储和邮政业			48.94	48.94
金融业	0.08	63.55	81.57	66.21
科学研究和技术服务业			205.33	205.33
农、林、牧、渔业	3.87	17.93	55.96	14.89
批发和零售业	0.70	11.67	50.52	46.13
水利、环境和公共设施管理业			39.86	39.86
文化、体育和娱乐业	10.39		373.15	357.38
信息传输、软件和信息技术服务业	28.92	0.70	130.63	125.23
制造业	9.58	18.41	96.23	89.49
住宿和餐饮业		7.88	2.64	4.39
综合			126.83	126.83
租赁和商务服务业	20.17		486.16	408.49
平均值	12.28	24.53	129.51	120.82

*建筑业差异率平均值较高的主要原因是广田股份收购成都市华南建筑装饰有限公司所使用的两种评估方法结论相差12 836.45%。

（3）交易类型角度的评估结论验证情况。

按评估所服务的交易类型分类，其中两种方法相互验证差异较大的交易类型主要有股权收购、增资、股权置换以及发行股份购买资产（见表1—10）。

表 1—10

评估结论差异情况	收益法、市场法（%）	资产基础法、市场法（%）	资产基础法、收益法（%）	平均值（%）
对外投资		5.44	37.65	37.32
发行股份购买资产	0.45		63.14	61.35
股权收购	13.19	29.78	229.68	207.49
股权置换			93.70	93.70
股权转让	2.73	15.60	50.30	47.86
减资			9.08	9.08
吸收合并	8.85	57.67	8.27	24.93
增资	11.60	17.93	119.51	106.29
资产收购			12.94	12.94
资产置换	34.64		39.87	39.40
其他		64.50	98.17	95.76
平均值	12.28	24.53	129.51	120.82

（4）结论。

上述情况表明，三种评估方法相互验证时，资产基础法与收益法得出的评估结论差异最大，平均差异率为129.51%，其中创业板上市公司平均差异率为275.67%，中小板上市公司平均差异率为293.43%。沪深两市收益法与资产基础法差异率较大的典型案例见表1—11。

表 1—11

证券代码	证券名称	板块	所属行业	被评估公司	资产基础法（万元）	收益法（万元）	评估结论	两种方法差异率（%）
002482	广田股份	中小板	建筑业	成都市华南建筑装饰有限公司	47.17	6 102.13	收益法	12 836.46
000681	远东股份	深市主板	信息传输、软件和信息技术服务业	北京汉华易美图片有限公司	2 704.14	128 257.00	收益法	4 642.99
300148	天舟文化	创业板	文化、体育和娱乐业	北京神奇时代网络有限公司	5 790.48	125 413.31	收益法	2 065.85
300071	华谊信嘉	创业板	租赁和商务服务业	上海波释广告有限公司	619.82	12 045.47	收益法	1 843.38
300002	神州泰岳	创业板	信息传输、软件和信息技术服务业	天津壳木软件有限责任公司	7 641.85	122 093.74	收益法	1 497.70
300027	华谊兄弟	创业板	文化、体育和娱乐业	广州银汉科技有限公司	8 379.66	132 697.13	收益法	1 483.56
300315	掌趣科技	创业板	信息传输、软件和信息技术服务业	海南动网先锋网络科技有限公司	5 916.62	83 772.02	收益法	1 315.88
600421	*ST 国药	沪市主板	制造业	武汉叶开泰药业连锁有限公司	59.39	833.24	收益法	1 303.00
300071	华谊信嘉	创业板	租赁和商务服务业	上海东汐广告传播有限公司	1 692.37	21 651.31	收益法	1 179.35
300178	腾邦国际	创业板	租赁和商务服务业	深圳市世纪风行国际旅行社有限公司	231.79	2 569.00	收益法	1 008.33
000793	华闻传媒	深市主板	文化、体育和娱乐业	北京澄怀科技有限公司	6 708.38	69 793.00	收益法	940.39
000681	远东股份	深市主板	信息传输、软件和信息技术服务业	华夏视觉（北京）图像技术有限公司	12 554.48	120 556.00	收益法	860.26
000851	高鸿股份	深市主板	批发和零售业	北京高阳捷迅信息技术有限公司	7 622.83	64 529.76	收益法	746.53
300099	尤洛卡	创业板	制造业	北京富华宇祺信息技术有限公司	2 349.59	17 963.43	收益法	664.53
300088	长信科技	创业板	制造业	赣州市德普特科技有限公司	5 296.53	40 089.12	收益法	656.89
300157	恒泰艾普	创业板	采矿业	成都西油联合石油天然气工程技术有限公司	2 733.50	20 401.35	收益法	646.35
000793	华闻传媒	深市主板	文化、体育和娱乐业	重庆华博传媒有限公司	2 738.99	19 865.14	收益法	625.27
600728	佳都新太	沪市主板	信息传输、软件和信息技术服务业	广州新科佳都科技有限公司	13 904.67	100 812.02	收益法	625.02
002683	宏大爆破	中小板	采矿业	石嘴山市永安民用爆炸物品有限责任公司	2 111.98	15 271.67	收益法	623.10
000917	电广传媒	深市主板	信息传输、软件和信息技术服务业	湖南省有线电视网络（集团）股份有限公司、湖南有线武陵源网络有限公司	189.39	1 355.88	收益法	615.92

三、两种评估方法所得评估结论差异较大的原因分析

上述情况表明，在过往的并购重组案例中，主要以成本途径和收益途径对交易标的进行评估，而市场途径的应用还不够普遍。随着越来越多的轻资产性质的企业评估案例增加，成本法和收益法评估结论差异大、两种方法不匹配的现象将日益突出。究其原因，主要在于成本法对高速发展的战略新兴行业的评估存在局限性，所以应根据不同行业的特征，选取恰当的评估方法进行评估。

（一）成本法的局限性

成本法评估是从资产的再取得角度考虑，是以企业资产负债表为基础，其评估结论反映的是企业现有资产的重置价值。成本法的评估思路是将企业各单项资产评估值简单加总后得到的合计值作为企业整体价值。成本法的原理是替代原则，是建立在对企业账内资产和按照相关准则可确认的资产进行重置的基础上的。因此，成本法既无法反映各单项资产组合后产生的整体价值，也无法衡量企业的技术水平、经营者素质、管理水平、重组完成后的协同效应等一些无法量化的因素以及无法按现有相关准则确认的资产。对于持续经营，具有稳定收入的盈利企业，仅从重置角度评估，无法全面衡量其企业价值。而目前并购重组市场中，有大量的交易涉及营业收入高速增长的高科技行业、以智力资源为主要价值驱动因素的文化行业等，运用成本法评估这些行业的公司更是无法全面衡量其企业价值。

（二）收益法的局限性

收益法是在对企业未来收益进行预测的基础上，将未来经营期间现金流按照适当的贴现率进行贴现，从而得到标的企业价值，所以，评估界、投资银行领域更习惯于将收益法称为现金流量贴现法（DCF）。这种方法反映的是资产未来获利能力的大小。收益法评估适用于评估未来收益和风险能够合理量化、能以货币计量且未来收益期可以确定的企业，其评估结论可以综合反映企业整体价值。收益法评估虽然克服了成本法仅单独考虑各要素资产价值的弊端，可以完整地反映企业的价值，但对于经营情况不稳定、收入与风险无法可靠计量或具有较多闲置资产的企业，运用收益法评估同样存在一定的局限性。

（三）市场法的局限性

市场法评估衡量的是基于特定时点，标的企业在充分活跃的市场中的公允价值。市场法的应用有两个基本前提：一是具有一个充分活跃的资产交易市场，市场中具有足够数量的可比公司或可比交易案例作为参照物，且市场信息披露充分、信息真实准确；二是参照物与标的企业相比，其价值影响因素指标和技术参数是可以确定的。市场法的优点主要在于操作简单、直观，评估结果较容易被市场所接受。但是，如果市场法的前提条件得不到满足，市场法的应用也会相应受到限制。

（四）结论

综上所述，三大评估方法实际上是三种不同的评估思路，从不同的维度衡量标的企业的价值，每种估值方法都有各自的适用条件和假设前提，也具有各自的优点和局限性。因此，不是任意两种方法评估的结论都具有可验证性，只有使用适用于同一行业且具有内在联系的评估方法相互验证才有意义。例如，要对轻资产性质的企业进行资产评估，一般来讲，成本法不是完全适用的，其评估结果与收益法的评估值差异较大，且不匹配。使用成本法对轻资产性质企业进行评估，往往由于企业所处行业的不同特点，存在账面资产价值不能反映企业整体价值的情况。这是由于评估对象产生价值的要素与评估范围之间的不匹配，导致两种方法所得到的评估结论有较大的差异。在评估方法的选择上，除了各种评估方法自身的原因外，还应结合标的企业本身的属性考虑方法的选择。某一种方法虽然理论上可行，但是标的企业可能具有特殊性，需要谨慎考虑该方法是否能够反映其资产价值。

第二章

华尔街投行估值方法概述及对我们的启示

对美国华尔街的投资银行家来说，评估估值既是科学又是艺术，尤其是对企业价值评估，他们要运用多种方法相互验证，每一种方法又从多个维度去观察，最终得到一个隐含的价值区间。时至今日，华尔街投行家们已经形成了较为完备的评估估值方法体系，归纳起来有三种主要途径，即市场途径、收益途径和成本途径。当前，我国估值理念和技术落后于现实需要，亟须学习借鉴发达国家尤其是华尔街投行的理念和实践。为此，本章从美国五次并购浪潮推动评估方法创新入手，重点介绍华尔街评估理念和方法体系，为推动我国评估估值理论和方法创新提供借鉴。

一、美国五次并购重组浪潮推动评估估值技术不断创新

（一）美国五次并购重组浪潮概述

自 19 世纪末 20 世纪初以来，美国先于其他国家先后经历了五次大的

并购重组浪潮，第一次主要集中在制造业和加工业。根据马卡姆（Markham）的统计，当时美国制造业内40%的公司都参与了某种形式的并购，并购活动中75%以上是同行业内部的横向并购行为，主要包括铁路、冶金、石油、糖、化工、机械和罐装等行业的资本集中。经过这次并购浪潮，美国最大的100家企业的平均规模扩大了34倍，并控制了全美40%的工业资本。在这次并购中最为突出的案例就是标准石油公司的横向兼并和J. P. 摩根与卡内基组建的美国钢铁公司，前者在1880年就控制了美国石油业务的90%。收购带来的协同效应十分明显，精炼油的单位成本由1.5美分降至0.5美分；而后者由卡内基公司和其他九家公司联合组成，当时的总资产达到了14亿美元，如按照相应年度的价格指标调整，绝对可以在美国并购史中排到前5位。

第二次并购浪潮发生在20世纪20年代，即第一次世界大战后美国处于繁荣与萧条的交替时期，正是美国工业从以轻工业为主的结构转向以重工业为主的结构的时期。在前一次并购高潮中，重工业如钢铁、机器制造、石油和有色金属并购企业数只占并购企业总数的43.5%，而经过这一次浪潮则提高到53.8%。与此同时，随着新兴行业如电力、汽车等行业全部实现了商业化，华尔街股市一片繁荣。高涨的股市和强劲的工业发展共同引发了第二次并购浪潮，从1926年到1930年，共发生了4 600多次并购活动。1926—1930年，被并购的企业大约有12 000家，并购涉及多个领域，但主要集中在公用事业、制造业、钢铁、石油产品、食品、化工、交通工具等几个行业。与第一次并购浪潮相比，第二次并购浪潮成就了一批寡头地位，通用汽车公司就是在这次并购浪潮中出现的新的工业巨人。值得关注的是，通过并购，通用汽车公司建立了金字塔式的现代企业结构（母子公司），并且通用汽车公司的管理层在这段时期建立了一整套财务和生产经营管理的方法，包括设计出命令和控制结构、严格管理存货

和注意现金流变化等。管理学大师彼得·德鲁克（Peter F. Drucker）这样评价："这种命令与控制结构为美国经济在战后四十多年中处于主导地位奠定了基础。"

第三次并购浪潮发生在20世纪60年代。在这次并购浪潮中，美国参与并购的企业数量达25 598家，其中工业企业占了近一半，并购形式多种多样。随着并购活动的发展，混合并购成为这一时期的主流。按照占总收购资产的百分比计算，当并购活动达到顶峰时，单纯的横向并购和纵向并购合计只有25%左右，发挥资本规模经济效益的多元化并购成为了本次并购浪潮最为突出的特点。对于高市盈率的追求客观上大大刺激了多元化并购的广泛发展，最为典型的案例就是哈罗德·杰宁（Harold Geneen）在担任国际电话电报公司（International Telephone and Telegraph Company，ITT）总裁期间所打造的巨型跨国集团。在其17年的任期内，ITT收购了350多家公司，包括许多著名的企业，如喜来登连锁酒店集团、阿维斯连锁汽车租赁集团（Avis Rent-a-Car）、哈特福德（Hartford）保险公司以及生产Wonderbread品牌面包的大陆烘焙（Continental Baking）面包集团。在杰宁的管理下，ITT从一家年营业额7.6亿美元的中型企业壮大为170亿美元的跨国集团，更成为现代化大型国际联合集团的样板。

进入20世纪80年代后，美国出现了第四次并购风潮。与前几次并购浪潮所不同的是，这次并购浪潮的并购规模远超以往任何一次。1981—1989年，并购交易活动超过了22 000次，10亿美元以上的兼并数量远超前几次。经历将近10年的高通货膨胀以后，资产的重置成本大大提高了，但是股市并没有对此作出反应。这就导致了企业的清算价值高于其市场价值，这种差价刺激了企业家和银行家进行收购。同时，资本市场的创新，为融资并购提供了可能。并购的方式多样化是这一次并购浪潮的主要特征。除了杠杆收购和敌意收购外，还出现了许多新的形式，如管理层收购(MBO)、员工持股、垃圾债券、过桥融资等等。利用垃圾债券进行杠杆收购的兼并行为发展迅速。1980 年美国的并购总数为 1 500 多起，其中杠杆兼并仅有 94 起，而到了 1988 年则增加到 3 637 起，并购总价值达到了 3 114 亿美元。这一时期并购范围非常广泛，不但包括传统制造行业，也包括了商业、投资银行业、金融业、保险业、批发业、零售业、广播业和医疗卫生等服务行业。在这一时期最为著名的交易就是 1976 年成立的 KKR 公司在 1988—1989 年间完成的对 RJR 纳比斯克公司的收购，交易总价值达到了 310 亿美元，成为有史以来最大的交易，其中 90%的资金来自借款。在这一复杂的交易中，KKR 公司收购总价 260 亿美元，同时承担了原公司 50 亿美元的负债。

第五次企业并购浪潮发生在 20 世纪 90 年代，一直持续至今。与前四次不同的是，并购企业强强联手、行业相对集中、科技含量高、跨国并购成为这一次并购浪潮的主要特征。通过并购，信息产业、传媒业、医疗保健业、航空业、化学产业和金融服务业等多个行业集中出现了一批“巨无霸”型企业，使得这些行业的国际市场被几家或十几家跨国公司垄断。例如，波音公司与麦道公司的合并、美国在线并购时代华纳、迪士尼公司并购美国广播公司、花旗银行并购旅行者集团、德国奔驰公司与美国克莱斯勒公司的合并，每一笔巨额交易都震撼着资本市场。然而，巨额的交易引发了新的问题，过高的并购溢价引发了大量的争议。由于对于并购所采用的会计方法一直被诟病，为此美国财务会计准则委员会（FASB）发布了第 141 号准则（FASB 141），企业支付的收购溢价被要求记做超出账面资产的商誉，其差额部分则应予以摊销，因此将导致利润表中的利润减少。一旦市场变化与预期相差过大，过高的溢价直接影响了并购的成败。受到互联网泡沫破灭和金融危机的影响，并购逐渐陷入低潮，不过近两年随着

经济的好转，互联网行业又掀起新的一轮并购热潮，如美国最大的有线公司康卡斯特宣布以 452 亿美元收购市场第二的时代华纳有线公司，Facebook 以 190 亿美元收购 WhatsApp。

（二）企业价值评估理念和方法的发展创新历程

并购重组浪潮的一次次掀起，推动了企业价值评估理念和方法的创新发展，评估估值技术的进步又为并购重组内容和手段创新创造了条件。早在 1906 年大型邮购零售公司西尔斯·罗巴克（Sears Roebuck）的 IPO 中，高盛的合伙人亨利·戈德曼（Henry Goldman）就提出以公司盈利能力而不是公司实物资产来判断公司价值的观点，从而发展出价格—收益比（即市盈率）这一新概念；与此同时，在同一年欧文·费雪（Irving Fisher）在《资本与收入的性质》一文中完整地论述了收入和价值之间的关系，为现代的企业价值评估奠定了基础。

但是，由于财务会计准则和估值理论尚不成熟，早期的并购和资产交易在估值方面较为原始，投资者更多关注资产的价值和并购带来的协同战略发展，甚至关注投行的信誉，而对以资产未来收益的现值确定并购价格的方法却少有问津。此时对于资产价值的确定，成本途径较为流行，虽然也存在个别交易以相对估值或现金流贴现的方式进行定价，但缺乏理论支撑，较为粗糙。直到 1958 年，美国经济学家莫迪利亚尼和米勒（Modigliani and Miller）提出了企业价值评估的理论框架，并于 1961 年证明了企业价值评估的四种方法（现金流量方法、投资机会方法、股利流量方法、收益流量方法）在理论上的等价性以来，现金流量的方法才成为企业价值评估的主流方法。

1964 年，威廉·夏普（William Sharpe）、林特纳（John Lintner）、特

里诺（Jack Treynor）和莫辛（Jan Mossin）等人在资产组合理论的基础上发展起来的资本资产定价模型（CAPM），为股权资本定价提供了一条有效的路径，从而丰富了公司价值评估的模型。1973 年，费希尔·布莱克（Fisher Black）和迈伦·斯科尔斯（Myron Scholes）创立了第一个完整的期权定价模型。期权定价理论的出现堪称华尔街的革命。到今天，该模型以及它的一些变形已被期权交易商、投资银行、金融管理者、保险人等广泛使用。汤姆·科普兰（Tom Copeland）与蒂姆·科勒（Tim Koller）于 20 世纪 80 年代末提出了企业的价值等于企业预期现金流量的现值，在此理论基础上，贴现现金流量模型（DCF）应运而生。伴随着 20 世纪 90 年代的新经济浪潮，也催生了以高新技术企业并购为主的第五次并购浪潮。传统估值方法的局限，促进了多种估值方法的创新和应用，尤其是在电子信息、生物制药等行业的并购估值中，投资银行家们提出了以市销率和潜在市销率的方法快速确定公司价值。同时由于传统的估值方法对于未来的投资机会束手无策，1977 年，麻省理工学院的教授梅耶斯（Myers）提出的实物期权（real option）概念，成为在这一时期评估高新技术公司独到的方法。根据著名投资银行摩根士丹利的统计数据，成熟市场上证券分析师最常使用的估值方法是乘数估值法。

（三）华尔街估值方法体系

美国华尔街既是全球资本市场的交易中心，也是投资银行家的集聚区，这里积聚了一大批资本运作的精英，他们不断创造出金融和金融衍生产品，也创造出如何评估这些产品的理念和方法。在他们看来，评估估值既是科学又是艺术。说是科学，因为要运用大量数据和模型，经过科学运算最终得到的是量化的数据；说是艺术，是因为他们要站在广阔的领域，

运用若干假设，对每一个产品和企业的过去和未来进行精心构思和设计，就像雕刻家一样，悉心雕刻，提交的估值报告更像一部艺术品。尤其是对企业价值评估，他们要运用多种方法相互验证，每一种方法又从多个维度去观察，最终得到的也不是一个绝对值，而是一个隐含价值区间。时至今日，华尔街投行家们已经形成了较为完备的评估估值方法体系，归纳起来有三种主要途径：成本途径——净资产法；市场途径——交易乘数法；收益途径——现金流量贴现法。

1. 成本途径

成本途径是指“采用一种方法或多种评估方法，根据企业资产扣除负债后的价值确定经营组合、企业所有者股权价值的常用评估方式”。主要方法包括运用成本途径评估资产的重置成本价格；或根据被评估资产的购置情况，考虑到现实变化分析确定；或根据同类资产新近购置或重置成本评估的数据调整确定。这些方法适用于对企业价值主要来自其资产的公允价值而非盈利的业务，适用于并非通过获取资产的适当回报且通过清算或出售资产获得更高的价值的业务。成本途径的估值对于高通货膨胀背景的企业和处于发展中国家的企业较为有用。净资产法还适用于处于初创期的公司，它们没有较为成熟的产品，没有现金流、营业收入这些估值基础。但由于成本途径是从资产重置的角度出发，往往忽视资产的用途、未计入账面的无形资产以及未来的预期表现，同时资产的价值的调整因素过于依赖评估估值人员的经验，因此，成本途径不适用对具有超额收益和存在大量无形资产的企业进行估值。

2. 市场途径

市场途径是指“利用市场上同样或类似资产的近期交易价格，经过直接比较或类比分析来估测资产价值的评估技术思路和实现该评估技术思路的各种技术方法的总称”。应用市场法对企业进行估值需要一个成熟的资本市场，市场中的上市公司能够覆盖各行各业；市场上的信息数据披露是真实、完整和准确的，最重要的是可以在市场上找到与估值标的所处行业类似的可比公司或交易先例，可比公司或交易先例的数据准确并可获取。市场途径的主要方法包括直接比较法和间接比较法等，而对于企业价值进行评估以间接比较法中的可比公司法、交易先例法为主。这些方法适用于交易数据比较容易取得的资本市场，且具有大量参照可比的上市公司或交易案例的情况。由于市场途径的资料直接来源于资本市场，同时又为即将发生的并购业务估价，所以市场途径的应用与资本市场的发展程度、可比信息及交易案例的数据详尽程度密切相关，需要寻找和发现具有可比性的参照企业和交易案例，在灵活性和实用性方面存在问题，它不能被用于对单独的资产的总类进行评估，而且采用市场途径会将市场对“可比”公司定价的错误（高估或低估）引入估价之中。因此，市场途径不适用于对市场缺乏交易案例的企业或交易数据难以获得的企业进行评估。市场途径的应用为轻资产、高成长企业进入资本市场提供了定价基础，在并购重组中得到广泛应用，是我们学习研究的重点。

3. 收益途径

收益途径是指对企业未来可获得的现金流量及其风险进行预测，然后选择合理的贴现率，将未来的现金流量折合成现值后累加，作为对于企业的估值的方法。在给定的条件下，如果被估企业的当前现金流为正，并且可以比较可靠地估计未来现金流的发生时间，同时根据现金流的风险特性又能够确定出恰当的贴现率，那么就适合采用现金流量贴现法。现金流量贴现法主要包括对企业的股权资本进行估价和对企业整体进行估价。这些方法适用于具有持续、稳定盈利能力的公司，因此，现金流量贴现法不适用于对陷入现金流拮据状态的企业、收益呈周期状态的企业、拥有未利用资产的企业以及有专利、产品选择权的企业进行估值。

二、可比公司法估值思路[①]

所谓可比公司评估估值法，简称可比公司法，是指评估估值人员根据被评估对象的特点，在活跃的证券交易市场选择一组（群）与评估对象在主要业务、财务特点、业绩驱动因素和风险等方面高度相关的公司作为可比公司，通过计算可比公司一系列财务指标和比率，如企业价值除以息税折旧摊销前利润（EV/EBITDA）、企业价值除以销售收入或者股票价格除以每股收益（P/E）等，作为评估估值乘数，剔除个别极端值后，用乘数的均值或中位数乘以评估对象的相关财务指标，得到评估对象的隐含价值区间。可比公司评估估值法具有广泛的应用，尤其在IPO、并购重组和投资决策中最为常见。下面概述可比公司法的基本估值思路。

（一）选取可比公司群

使用可比公司法评估标的企业价值最基础的工作是筛选可比公司，只有选择的可比公司在影响价值因素方面与标的企业存在诸多相关性，才可以通过可比公司法的原理计算出标的企业的合理价值区间。如果选取的公司貌合神离，就不具备运用可比公司法的基础。那么，华尔街的投行人士是如何选择可比公司的呢？

首先，他们要全面深入地研究标的企业，并将与标的企业具有类似的业务、财务特性作为选择可比公司群的标准，然后从当地的证券市场上选

① Joshua Rosenbaum and Joshua Pearl. *Investment Banking*, John Wiley & Sons Inc., 2009.

择符合标准的上市公司作为最初的可比公司群，最理想的情况是可比公司和标的企业在同一行业并且具有相似的规模。在找不到最合乎标准的上市公司的情况下，评估估值人员要寻找核心行业以外的，但在业务和财务层面相近的公司。例如，拟评估国内一个中等规模的光伏发电公司的企业价值，但在上市公司中几乎没有可比公司，所以，可把可比范围扩大到与清洁能源和可再生能源相关联的公司，如水力发电、风力发电、垃圾发电等。

1. 研究评估对象

通常情况下，评估专业人士会从企业经营和财务信息两个重要的角度去研究标的企业，包括但不限于行业、产品和服务、客户和终端市场、分销渠道、地理位置、规模、盈利能力、增长状况、投资回报率和信用状况等。区分行业以及子行业和周期特征，有利于识别与评估对象最接近的可比企业；产品与服务是其商业模式的核心，生产同类产品或提供同类服务的公司通常是良好的可比企业；客户相似的公司往往有着相似的机会和风险，一个公司的业绩一般是和终端市场紧密相关的；分销渠道是公司向最终用户销售其产品和服务的渠道，是经营策略、业绩和最终价值的关键驱动力；地理位置不同，尤其国别不同，其消费习俗、经济增长率、宏观经济环境、竞争动态、进入市场壁垒、组织和成本结构都有明显差别；规模通常是指市场估值方面（如股票价值和企业价值）以及主要财务数据方面（例如，营业额、毛利、息税折旧摊销前利润、净盈利等）的指标体系，一个行业中相似规模的公司相比于规模迥异的公司更可能有相似的乘数，规模的差异往往映射出估值的不同；盈利能力是衡量一个公司将销售转换成利润的能力，是估值的最重要指标，作为一般规则，在同一行业的公司且其他条件不变时，利润率越高，估值水平越高；一个公司的增长状况由过往及估计未来财务指标决定，是估值的重要驱动力，股票投资者更多地

投资于有更高的交易乘数的高增长企业；投资资本回报率是衡量一个公司对其资本提供者提供回报的水平，也是价值评估的重要指标；一个公司的信贷状况反映了整体债务水平和利息支付能力，也是判断公司价值的主要指标。投行专业人士在选择可比公司前就是从这些角度首先深入、严谨地分析被评估对象。

2. 筛选可比公司

在对标的企业的基本业务和财务状况进行了深入研究和分析后，评估估值人员利用各种资源来筛选可比公司。首先按照业务状况和对公司的分类在较宽的范围内筛选可比公司，可参考的信息有行业协会、监管机构、证券交易所、投资银行、评级公司以及金融数据服务商等作出的分类标准；标的企业的上市或非上市竞争对手等类似公司已披露的各类信息，如年报、招股说明书、资产交易报告等。评估估值人员在这个阶段主要是确定业务概况相似的公司，在评估估值阶段，可以依据足够的信息将一些不可比公司删除，或者将选中公司按层级排序，例如按照公司规模、业务范围、盈利能力或所处的地理位置等划分为不同的组。

（二）搜集必要的财务信息

在确定了可比公司群后，评估估值人员要利用各种信息来源直接或间接搜集与评估估值相关的可比公司过去三年及一期财务和与财务相关的非财务信息，包括但不限于：销售收入、营业成本、毛利润、净利润、EBITDA、EBIT、每股收益、现金结余、债务余额、股东股权、折旧与摊销、资本支出、原始发行股份、期权及认沽权证、优先股、当前股价及其占过去 52 周最高股价比例、投资资本回报率、股权报酬率、资产回报率、信用评级等。获取信息的渠道也是多方面的，最直接的是证券交易所网站公开披露的年报、季报和临时报告，其他渠道如行业协会、财经类媒体、投资银行研究报告以及金融数据服务商也是重要来源。

（三）计算主要统计数据、比率和交易乘数

1. 规模指标

（1）股权价值：股价×完全稀释流通股份（在外流通的基本股＋实值期权[①]＋实值认股权证[②]）。

（2）企业价值：股权价值＋总债务＋优先股＋非控股的股权－现金及现金等价物。

2. 盈利能力指标

（1）毛利率：（营业额－营业成本）/营业额。它是运营效率和定价能力的一个关键指标，企业往往希望通过改善原材料采购，获得更大程度的定价权，以及提高生产设备和生产过程的效率来提高毛利率。

（2）EBITDA（息税折旧摊销前利润）：它是衡量盈利能力的一个重要指标。由于 EBITDA 是一个非 GAAP 准则规定的财务指标，且公开报告人不披露其具体数额，通常采取 EBIT（息税前利润）加回现金流量表上显示的折旧及摊销（D&A）计算而得。EBITDA 是一个广泛使用的经营性现金流的指标，因为它反映了公司为生产其产品和服务的现金经营成

---

① 股票期权是向雇员出售的一种非现金形式的补偿，是一种在给定的时间内按固定价格（“行权价”）购买公司的普通股股份的权利。员工股票期权受制于行权期（及其他条款），按照一个时间表限制能够行权的股份数量。当期权到期时（可行权）它们可以被转换成普通股。一个期权处在“实值”状态是指标的公司的现时股价超过了期权的执行价。

② 认股权证是通常和一个债务工具一起发行的证券，它使得证券的买者在特定时期以特定价格能购买发行者的普通股股票。在这种情况下，认股权证通过提供一个证券总体回报的增加来吸引投资者对高风险证券的兴趣，如投机级债券和夹层债务。

本总额。此外，EBITDA是一个对同一行业的公司公平的比较手段，因为它不受资本结构（即利息支出）和税收制度（即税项开支）的差异影响。

（3）EBIT（息税前利润）：和EBITDA一样，EBIT独立于税收制度，对于比较公司不同的资本结构是一个有用的指标。但是，从经营性现金流衡量的角度来看，它没有EBITDA好，因为它包括非现金的折旧和摊销费用。

（4）净利润：已扣除了所有公司费用后的剩余利润，净利润也可以被看作是提供给股权持有人的盈利，一旦该公司的所有义务已得到履行（例如，对供应商、租赁商、员工、水电、贷款人、国家和地方财政），华尔街倾向于认为净利润应以每股计算（即EPS）。同时，计算以下一些反映经营成本的指标：如息税折旧摊销前利润率＝息税折旧摊销前利润/营业额，息税前利润率＝息税前利润/营业额。

3. 投资回报指标

（1）投资资本回报率（ROIC）：衡量一家公司的全部资金所产生的所有回报。投资资本回报率＝息税前收益/(平均净债务 ＋股权额)。

（2）股本回报率（ROE）：衡量公司向股东提供的股本回报。股本回报率＝净利润/平均股东股权。

（3）资产回报率（ROA）：衡量公司的全部资产产生的回报，从而提供了一个企业资产效率的晴雨表。资产回报率＝净盈利/平均总资产。

（4）股息率：是基于盈利从不同的角度分析对股东的回报。如果股息按季度支付，需要将其年化以计算隐含的股息收益率。隐含股息率＝最近季度支付股利×4/目前股价。

4. 信用状况指标

（1）债务/EBITDA：反映了公司的债务和EBITDA的比率，乘数越大说明杠杆越大。这个比率可以被看作是衡量公司的现金流量偿还其债务的年限。

(2) 利息覆盖率：是反映一个公司履行其利息支出义务的能力。直观地说，覆盖率较高的公司，能更好地履行其债务责任，信用状况可能较好。利息覆盖率＝(EBITDA－资本支出)/利息支出。

此外，除上述指标外，还应该考虑增长指标，如历史增长率和预期增长率等。

5. 交易乘数

一旦主要财务数据确定，评估估值人员就要计算可比公司的有关交易乘数，最广泛和通用的乘数的分子应是市场价值指标如企业价值或股权价值，分母是财务业绩指标如 EBITDA、EBIT 或营业额。其中，最常用的乘数是 EV/ EBITDA（企业价值/息税折旧摊销前利润）和 P/ E（市盈率）。EV/ EBITDA 是大多数行业的估值标准，因为它独立于资本结构和税收以及折旧和摊销不同的公司之间可能产生的任何扭曲。例如，一个公司近年来可能花费巨资购买新机器及设备，导致当前和今后几年折旧和摊销增加，而另一家公司可能推迟其资本开支至今后一个时期。在此期间，这种情况下会产生两家公司息税前利润率的差距，但不会反映在息税折旧摊销前利润率上。P/E（市盈率）被看作是衡量股份制企业盈利能力的重要指标，也被看作是最为广泛认可的交易乘数。然而，由于 P/E 受多方面因素的影响较大，有时不能反映企业真实状况，因此，在企业估值时不是投行专业人士理想的指标。另外，基于盈利能力的完整性检查，也可以使用企业价值/营业额等乘数指标。

出于严谨审慎考虑，评估估值专业人员从行业性质出发，还要具体问题具体分析，除使用 EV/EBITDA 外，还采用行业特定的估值乘数，补充或替代前面提到的传统指标。这些乘数的分子是市场价值的指标，分母是关键的具体部门财务、营运或生产/产能统计数据指标，如表 2—1 所示。

表 2—1　　特定行业的估值乘数

估值乘数	行业
企业价值	
接入线/光纤/路由的千米数	电信
广播现金流量（BCF）	媒体、电信
扣除利息税、折旧、摊销及租金费用的收入	餐厅、零售
扣除利息税、折旧、折耗、摊销、勘探费用后的收入	自然资源、石油与天然气
人口（“POP”）数量	电信
生产/产量（每单位）	金属与采矿、自然资源、石油与天然气、纸张和森林产品
储备量	金属与采矿、自然资源、石油与天然气
订购数	媒体、电信
平方米	房地产、零售
股权价值（价格）	
账面价值（每股）	金融机构、住宅建筑商
可供分配的现金（每股）	房地产
自由支配的现金流（每股）	自然资源
净资产价值（NAV）（每股）	金融机构、房地产

资料来源：Joshua Rosenbaum and Joshua Pearl. *Investment Banking*, John Wiley & Sons Inc.，2009.

（四）确定可比公司基准

一旦最初的可比公司群和主要财务数据统计、比率以及交易乘数确定后，评估估值专业人员要准备进行基准分析。基准分析主要围绕可比公司群中公司与公司及与估值对象的分析和比较，最终目的是确定估值对象的相对排名，以确定相应的估值。

基准分析可分为两个阶段：首先，制定估值对象和其可比公司关键财务数据统计和比率基准，以确定相对定位，着重于找出最接近或“最佳”的可比公司，并剔除异常值；其次，分析和比较对比组的交易乘数，确定最佳交易乘数。基准分析工作的结果最好在电子表格上显示，以便划分可比公司群的财务统计数据和比率、交易乘数的均值、中位数、最大值（最高值）和最小值（最低值）。例如，基准分析工作的结果见表 2—2。

表 2—2 基准分析工作的结果

	市场估值（百万美元）		过去 12 个月财务数据（百万美元）					过去 12 个月盈利指标占收入比率（%）				增长率（%）					
												销售收入		EBITDA		EPS	
公司	股权价值	企业价值	销售收入	毛利	EBITDA	EBIT	净收入	毛利	EBITDA	EBIT	净收入	过去一年	未来一年	过去一年	未来一年	过去一年	未来一年
Valueco. Corporation			978	372	147	127	66	38	15	13	7	9	8	13	8		
大公司																	
B1	8 829	14 712	8 670	3 468	1 739	1 474	603	40	20	17	7	11	10	11	10	11	13
B2	8 850	11 323	12 750	4 335	1 607	1 352	695	34	13	11	5	9	7	9	7	8	9
B3	7 781	8 369	8 127	3 007	1 138	975	557	37	14	12	7	9	6	9	6	8	6
B4	7 456	9 673	8 109	2 879	1 281	1 014	525	36	16	13	6	9	9	9	9	8	10
B5	5 034	6 161	6 708	2 415	885	738	407	36	13	11	6	10	7	9	6	10	7
平均数								37	15	13	6	9	8	9	8	9	9
中位数								36	14	12	6	9	7	9	7	8	9
中公司																	
M1	4 368	5 534	6 125	2 144	796	613	318	35	13	10	5	15	7	15	7	14	8
M2	3 772	5 202	6 489	2 271	779	454	213	35	12	7	3	10	7	10	7	1	10
M3	3 484	4 764	4 223	1 563	657	507	261	37	16	12	6	10	9	10	13	10	5
M4	2 600	3 149	3 895	1 441	471	323	171	37	12	8	4	7	8	7	8	7	9
M5	1 750	2 139	2 286	846	299	252	131	37	13	11	6	8	7	8	8	7	7
平均数								36	13	10	5	10	8	11	9	8	8

中位数								37	13	10	5	10	7	10	8	7	8
小公司																	
S1	1 050	1 650	1775	641	232	198	83	36	13	11	5	10	8	14	9	26	11
S2	1 000	1 500	1415	508	215	175	85	36	15	12	6	8	9	8	13	17	17
S3	630	706	571	221	97	70	32	39	17	12	6	5	9	10	10	9	9
S4	321	441	486	170	66	49	21	35	14	10	4	13	9	13	9	13	16
S5	156	192	352	106	35	21	11	30	10	6	3	5	8	5	8	4	7
平均数								35	14	10	5	8	9	10	10	14	12
中位数								36	14	11	5	8	9	10	9	13	11
总体																	
平均数								36	14	11	5	9	8	10	9	10	9
中位数								36	13	11	6	9	8	9	8	9	9
最高值								40	20	11	7	15	10	15	13	26	17
最低值								30	10	6	3	5	6	5	6	1	5

可比公司法估值										
					企业价值/			股票价格/		
公司	当前股票价格（美元）	市值/52 周最高价（%）	股权价值（美元）	企业价值（美元）	最近 12 个月 EBITDA	2008E EBITDA	2009E EBITDA	最近 12 个月 EPS	2008E EPS	2009E EPS
大公司										
B1	70.00	83	8 829	14 712	8.5x	7.8x	7.2x	14.6x	13.6x	12.5x
B2	22.00	81	8 850	11 323	7.0x	6.7x	6.3x	12.7x	12.1x	11.3x
B3	57.00	76	7 781	3 369	7.4x	7.1x	6.5x	14.0x	13.4x	12.3x
B4	85.00	82	7 456	9 673	7.6x	7.1x	6.7x	14.2x	13.3x	12.5x
B5	78.25	74	5 034	6 161	7.0x	6.6x	6.2x	12.4x	11.7x	11.0x
平均数					7.5x	7.1x	6.6x	13.6x	12.8x	11.9x
中位数					7.4x	7.1x	6.5x	14.0x	13.3x	12.3x
中公司										
M1	44.00	79	4 368	5 534	7.0x	6.8x	6.6x	13.7x	13.5x	13.1x
M2	29.85	71	3 772	5 202	6.7x	6.4x	6.1x	17.5x	17.1x	16.1x
M3	42.80	78	3 484	4 764	7.3x	6.9x	6.4x	13.4x	12.7x	11.8x
M4	47.00	82	2 600	3 149	6.7x	6.3x	5.9x	15.2x	14.4x	13.4x
M5	28.50	81	1 750	2 139	7.2x	6.7x	6.3x	13.3x	12.5x	11.6x
平均数					6.9x	6.6x	6.3x	14.6x	14.0x	13.2x
中位数					7.0x	6.7x	6.3x	13.7x	13.5x	13.1x

小公司										
S1	15.00	83	1 050	1 650	7.1x	6.8x	6.4x	12.6x	12.1x	11.3x
S2	20.00	80	1 000	1 500	7.0x	6.7x	6.3x	11.8x	11.1x	10.0x
S3	16.50	78	630	706	7.3x	7.1x	6.6x	19.9x	19.3x	17.9x
S4	11.25	78	321	441	6.7x	6.5x	6.1x	15.6x	15.0x	14.0x
S5	10.25	73	156	192	5.5x	5.3x	5.0x	14.3x	14.0x	13.1x
平均数					6.7x	6.5x	6.0x	14.8x	14.3x	13.3x
中位数					7.0x	6.7x	6.3x	14.3x	14.0x	13.1x
总体										
平均数					7.0x	6.7x	6.3x	14.3x	13.7x	12.8x
中位数					7.0x	6.7x	6.3x	14.0x	13.4x	12.5x
最高值					8.5x	7.8x	7.2x	19.9x	19.3x	17.9x
最低值					5.5x	5.3x	5.0x	11.1x	11.1x	10.0x

资料来源：Joshua Rosenbaum and Joshua Pearl. *Investment Banking*, John Wiley & Sons Inc. ,2009.

需要说明的是，评估估值专业人员需要合理确定可比公司，不能仅限于上面的定量分析，还需要深刻理解各可比公司的背景。如该可比公司的增长率和利润率高或低的原因是什么；该公司是市场的引领者还是落后者，是获得还是失去市场份额；公司是否已成功实现其所承诺的战略举措或满足预期收益；公司近期有没有宣布任何并购交易或重大所有权、管理层的变化。通过这些定性分析，结合前面所述的财务数据，经过技术调整，最终确定估值对象在可比公司的相对位置。在此基础上，选择最佳交易乘数，最佳交易乘数不应也不可能是一个数，而应是多维度的、跨年份的，如 EV/EBITDA、EV/销售收入、EV/EBIT、P/E 等。从时间跨度的角度，包括但不限于最近 12 个月、基准日前两年和预测一年或预测基准日后的三年。只有这样，才能合理确定最接近的隐含价值区间，这个过程是评估估值专业人员充分体现科学加艺术的辛勤劳动过程。

（五）确定标的公司价值

可比公司交易乘数作为获得适当的估值对象的估值范围的基础。首先，通常使用行业最相关乘数的均值和中位数，推断相对宏观的乘数范围；其次，设定一些标准值，如收入、ROA、ROE、EBITDA 等确定最佳可比公司乘数，选定最严格的、适当的范围；最终精选 2～3 个可比公司的交易乘数，作为确定评估标的公司的乘数，乘以相关财务数据，得到标的公司价值区间（见表 2—3）。

表 2—3　　标的公司价值区间

时间	EBITDA（亿元）	乘数区间	隐含企业价值（亿元）	净债务（亿元）	隐含股权价值（亿元）	完全稀释流通股份（亿股）	隐含股价（元）
LTM	2.00	$6.5x$～$7.5x$	13.00～15.00	5.00	8.00～10.00	1.00	8.00～10.00
2008E	2.15	$6.0x$～$7.0x$	12.90～15.05	5.00	7.90～10.05	1.00	7.90～10.05
2009E	2.30	$5.5x$～$6.5x$	12.65～14.95	5.00	7.65～9.95	1.00	7.65～9.95

资料来源：Joshua Rosenbaum and Joshua Pearl. *Investment Banking*, John Wiley & Sons Inc., 2009.

最终确定三个最接近的可比公司，预期 2008 年 EV/EBITDA 乘数约在 6.0 倍至 7.0 倍，乘以估值对象预期 2008 年 EBITDA 2.15 亿元，得到隐含的企业价值的范围为 12.90 亿元至 15.05 亿元。要计算隐含的股权价值，再从企业价值中减去 5 亿元的净负债，得到 7.90 亿元至 10.05 亿元的范围，再除以完全稀释股份 1 亿股，得到隐含的股价范围在 7.90 元到 10.05 元之间。根据同样的方法，可以算出 EV/ LTM EBITDA 及 EV/ 2009 年预测的 EBITDA 乘数和股权价值及每股价值。用 P/E 为交易乘数，计算同一案例的隐含价值区间，如表 2—4 所示。

表 2—4　　隐含价值区间

时间	每股收益（元）	乘数区间	隐含股权价值（亿元）	完全稀释流通股份（亿股）	隐含股价（元）
LTM	0.70	$12.0x$～$15.0x$	8.40～10.50	1.00	8.40～10.50
2008E	0.75	$11.0x$～$14.0x$	8.25～10.50	1.00	8.25～10.50
2009E	0.80	$10.0x$～$13.0x$	8.00～10.40	1.00	8.00～10.40

资料来源：Joshua Rosenbaum and Joshua Pearl. *Investment Banking*, John Wiley & Sons Inc., 2009.

以 2008 年预计为依据计算的 P/E 为 11.0 倍至 14.0 倍，预计净盈利 0.75 元，得到隐含股权价值 8.25 亿元至 10.50 亿元，除以 1 亿股完全稀释流通股份，得到隐含股价范围为 8.25 元至 10.50 元。如加上 5 亿元的净负债，得到隐含价值范围最高和最低为 13.25 亿元到 15.50 亿元。根据同样的方法，可以算出 P/E LTM 净盈利及 P/E 2009 年预测的乘数和股权价值及每股价值。

作为最后的考虑，评估估值人员有必要分析估值对象所得到的隐含的价值区间的合理性，最直接的方法就是和其他方法的估值结果如交易先例、DCF分析和LBO分析相比较。如存在显著的差异，可能预示着不正确的假设、误判，甚至数学错误，从而促使专业人员回顾检查每个步骤中使用的数据和假设，以纠正错误和偏差。

综上所述，可比公司估值法以市场为基础，以公开市场数据为依据，从而反映出市场的增长和风险的预期，更符合市场配置资源的理念，可比性强、反应速度快，通过计算现实存在的可比公司，就能预估标的企业市场价值，在资本市场成熟的国家和地区具有广阔的应用空间。同时也要看到，正是由于以市场为基础，不排除在非理性繁荣或熊市时期扭曲市场价格，从而导致高估或低估，加之不可能有完全相同的可比公司，因此，也不能把可比公司估值法当作唯一可行的估值方法，最好的办法是与其他方法如交易先例法、现金流量贴现法结合使用。

三、交易先例法估值思路①

交易先例估值法与可比公司估值法类似，基于过去发生的并购交易的支付乘数，为一个给定的公司、行业、业务或资产组合估值，得出一个估值区间。通常情况下，交易先例估值法得出的估值区间，可作为并购交易或重组的潜在销售价格的参考。

交易先例估值法最基础、最重要的工作是锁定一个合适的可比收购群。可比收购群的选择方法和思路与可比公司估值法中可比公司的选择相同，即寻找与评估标的在关键业绩驱动因素、财务特征等方面近似的可比

① Joshua Rosenbaum and Joshua Pearl. *Investment Banking*, John Wiley & Sons Inc., 2009.

收购交易。无论是可比公司的选择，还是可比收购交易的选择，都具有挑战性，需要评估估值人员反复推敲、精雕细琢。例如，与评估标的业务完全相同的可比收购案例很难获得，可以考虑选用终端市场、分销渠道或财务状况类似的处于相关行业的交易案例。一般情况下，过去两到三年的交易案例是最相关的，因为近期的交易案例与评估标的所处的市场环境较为相似。当然，在某些情况下，较早的交易案例也可能具有可比性，前提是它们与评估标的所处的业务周期或宏观经济环境类似。

在较为理性的市场环境下，交易先例估值乘数范围往往高于可比公司估值乘数。原因有两点：第一，可比交易案例的支付价格中包含控制权溢价；第二，战略收购的前提是可以实现协同效应，因此，收购方愿意为协同效应支付一定的溢价。下面概述交易先例法的估值思路。

（一）选择可比收购群

选择可比收购群是交易先例估值法的第一步，也是最关键、最具挑战性的一步，需要评估估值人员无论是对评估标的还是可比的交易案例，都要有深刻的理解和比较。评估估值人员应以并购交易数据库为基础，关注相关部门发布的行业研究报告，并咨询同行或资深专家得到相关交易的信息。

1. 筛选可比收购群

最初应找到与标的公司所处行业相关的、最近一段时间内尽可能多的交易案例，然后再进一步精简，得到可比收购群。建立一个初始的可比收购群可以参考以下资料：查阅评估标的的并购历史，对应收购和出售确定其支付或收到的乘数；参考可比公司的价值区间（将在第二部分中介绍），并查阅可比公司的并购历史；查找可比收购案例的相关财务顾问报告，其中可能会列举可比交易；查找收购标的、可比公司和行业的股票和固定收益研究报告，其中可能包含可比收购名单以及可供参考的财务数据。

2. 考量其他因素

锁定初始的可比收购群后，需要深入了解每笔交易的具体情况和背景，从市场条件和交易动态等方面进一步比较、筛选可比收购交易。市场条件是指商业和经济环境，以及在给定的交易时间下的资本市场状况。市场条件应在行业和经济周期范围内考虑，其直接影响收购方融资的难易程度以及成本，从而影响收购支付对价。例如，在21世纪初期，债务融资利率一直处于低位，收购者能够支付高于历史交易的收购价格，而从2007年下半年开始信贷紧缩，债务融资成本升高，从而影响并购价格。交易动态是指围绕一个给定交易的具体情况。例如，收购方是战略买家还是基金管理人？传统的战略买家具备实现协同效应的潜力，因此会支付更高的购买价格。买方和卖方的交易动机是什么？若收购的资产是战略买家实现协同效应的战略计划中的关键，较高的支付对价实属正常。同样，若卖方急需现金，被迫出售非核心业务，优先考虑执行速度，那么该交易可能会有一个较低的价格；不同的销售过程和交易性质也对收购价格有一定的影响。若多个买家同时竞争收购，被收购方积极寻求最优的买方，可能产生较高的收购价格。若交易双方是合作伙伴，双方可能放弃溢价，长期合作，共同分享未来的增长和协同效应。收购对价也是影响收购价格很重要的一个因素。通常，全部以股票交易会比全部以现金交易得到较低的估值折扣，因为出售方股东可以分享公司未来的增长和协同效应的实现。因此，相比全现金交易，目标公司股东可能需要较少的前期补偿。

（二）找到必要的交易相关信息和财务信息

证监会以及各个交易所网站都有关于信息披露的相关文件和要求，因

此对于上市的可比收购交易的信息及财务数据比较容易获得。对于非公开上市的可比收购对象，能否得到足够的信息披露取决于其收购对价安排中是否有上市的公开交易证券。下面将按上市和非上市的收购对象分别列举获得信息及财务数据的渠道。

1. 上市的收购对象

财务顾问报告的内容包括交易双方的背景资料、交易方案概述、标的企业估值与定价、支付对价方式、发行股份的价格和数量等，是搜集可比收购案例信息资料的主要来源。当上市收购方发行股份或发行债券作为收购对价的一部分时，收购方通常需要提交招股说明书。招股说明书包含发行条款、交易实质性条款以及收购价格的详细信息，还可能包含收购方与收购对象的财务资料；年报、季报是计算过去年度相关财务数据的信息主要来源，临时报告也可以作为信息的补充资料。

2. 非上市的收购对象

非上市的收购对象不受证监会或证券交易所的监管，信息披露程度较低。若收购方的支付对价中包含公共证券，则需提交招股说明书。对于一般的非上市收购对象而言，信息披露也不够齐全，可以通过金融服务商的专业网站获取相关信息。

（三）计算主要的统计数据、比率和交易乘数

此步骤与可比公司估值法基本类似，因此，本部分只阐述交易先例估值法与可比公司估值法的差别之处，例如，股权价值的计算是基于每股收购价格，而不是某个时间段的收盘价；支付的控制权溢价的计算；协同效应的计算等。

交易先例估值法的股权价值的计算前提是每股收购价格，其计算方式

因不同的支付对价结构而不同。收购对价有三种类型：全部以现金支付、股票换股票、现金加股票相结合。当全部以现金支付时，每股收购价格等于收购方发出要约用于收购的全部现金除以收购标的发行的全部或部分股份；股票换股票的交易，需要先计算固定交换比率，固定交换比率是指得到一股收购标的的股票，所需收购者交换出的股票数量。

股票换股票的每股收购价格：

每股收购价格＝交换比率×收购者股价

现金和股票相结合的每股收购价格：

每股收购价格＝每股现金＋交换比率×收购者的股价

股权价值＝每股收购价格×收购标的完全稀释流通股份

交易先例估值法企业价值的计算，与可比公司估值法相同，但其包含了控制权溢价和协同效应。控制权溢价体现在交易乘数的分子，即企业价值，上市公司的控股权除了包含一般股权的价值外，还包括基于对公司的控制所衍生的价值。拥有一个公司的控制权可以影响该公司的经营方针，从而获得潜在的利益，增加企业的价值。协同效应体现在交易乘数的分母，即 EBIT、EBITDA 等财务数据，并购的发生一定伴随着对合并后公司的财务表现的增长预期，进而影响公司的收入和成本。那么怎样量化控制权溢价和协同效应呢?

支付的控制权溢价是指收购方每股支付的价格相对于收购标的未受影响的股价的增量，以百分比表示。例如，我们假设收购标的股东收到买方每股 20 元的对价，收购标的的股票在不受影响的情况下的股价为 16 元，则支付的溢价计算如下：

每股收购价格/收购标的未受影响的股价－1＝20/16－1＝25%

协同效应是指合并后的两家公司或两项业务预期成本的节约或收入的增长以及其他财务利益。协同效应的计算对战略买家来说很重要，协同效

应实现的可能性影响着收购方愿意支付的价格。在重大收购公布后，上市收购者往往提供预期协同效应的相关信息，股票研究报告也可能提供对预期协同效应实现可能性的相关评论，收购信息公布后收购者的股价走势也可在一定程度上反映投资者对协同效应的看法。协同效应的数额是要反映在交易先例估值乘数中的。例如，假设收购对价为12亿元，LTM的EBITDA为1.5亿元，协同效应为3 000万元。考虑协同效应的交易乘数计算如下：

$$企业价值/(\text{LTM EBITDA}+0.3)=12/(1.5+0.3)=6.7x$$

（四）建立可比收购基准

此步骤与可比公司估值法相同，评估估值人员需要进一步深入分析所选的可比收购案例，筛选出最可比的典型，作为估值的基准。评估估值人员应检查被收购公司的主要财务数据和比率，仔细检查每个交易案例，消除较为明显的异常值，提炼最可比的交易群。例如，一个最近发生的、涉及直接竞争者并且有相似财务特征的交易，通常相较于一个较早发生的、所处商业周期不同的交易更具相关性。同时，还应分析、权衡其他因素，如配合收购对象的业务及财务状况的市场环境和交易动态，在信贷繁荣时期的高杠杆收购乘数，对于繁荣过后的一个收购对象而言，相关度较低。

（五）确定估值

如前所述，估值除了是科学，在很大程度上也是艺术。因此，虽然乘数的平均值和中位数提供了有意义的估值基础，但评估估值人员应尽可能锁定两到三个最可比的交易进行估值。例如，评估估值人员计算的可比收购群的 EV/LTM EBITDA 平均数为 $7x$，但最相关的交易在 $7.5x$ 到 $8x$ 之间，那么 $7x$ 到 $8x$ 这个乘数的范围可能更适合作为估值基准。如表 2—5 所示。

表 2—5　　标的公司价值区间

时间	EBITDA（亿元）	乘数区间	隐含企业价值（亿元）
LTM	1.467	$7.00x$～$8.00x$	10.267～11.733

资料来源：Joshua Rosenbaum and Joshua Pearl. *Investment Banking*, John Wiley & Sons Inc., 2009.

一经建立交易先例法的估值范围，应与可比公司估值法得出的结论作比较。若交易先例法的估值区间显著低于可比公司法的估值范围，那么这是个不恰当的信号，需要评估估值人员重新审视可比收购群的选取和内在假设以及乘数的计算。但这并不意味着交易先例法的估值肯定存在问题，若某个部门正值行情好或正处于周期性的高点，可比公司法的估值可能较高。

交易先例估值法主要体现在其基于实际收购乘数和同类公司的支付溢价，可以反映近期的资本市场情况，估值结果较容易被市场所接受，且计算过程较直接，人为操作空间小。但目前我国并购交易数据库的建设还处在初级阶段，尤其是非上市公司之间的并购交易，通常信息披露较少，很难找到可比性强的交易先例。而且，我国上市公司收购上市公司、上市公司私有化还不充分，这个方法还不能完全适用于并购交易估值。

四、现金流量贴现法估值思路①

现金流量贴现法是评估估值人员、投资者以及其他投融资专业人

① Joshua Rosenbaum and Joshua Pearl. *Investment Banking*, John Wiley & Sons Inc., 2009.

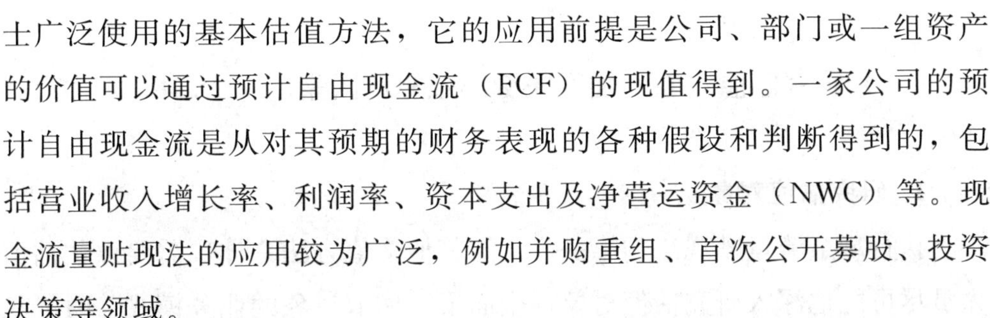

士广泛使用的基本估值方法，它的应用前提是公司、部门或一组资产的价值可以通过预计自由现金流（FCF）的现值得到。一家公司的预计自由现金流是从对其预期的财务表现的各种假设和判断得到的，包括营业收入增长率、利润率、资本支出及净营运资金（NWC）等。现金流量贴现法的应用较为广泛，例如并购重组、首次公开募股、投资决策等领域。

现金流量贴现法得到的价值被称为内在价值，而不是市场价值。当评估估值人员执行一次全面的估值时，采用现金流量贴现法估值，相对于市场途径的估值，例如可比公司估值、交易先例估值，是一个重要的补充。市场途径的估值很可能由于市场的畸形和扭曲不能合理地反映评估标的的真实价值水平，而采用现金流量贴现法可以对市场途径的估值起到检验的作用。

现金流量贴现法评估的企业价值包含两个部分：第一部分是预测期的价值，通常为五年的自由现金流量，用资本成本贴现到估值时点的价值；第二部分是预测期之后企业持续经营的剩余价值，称其为终值，将终值贴现到估值时点，终值的确定可以运用退出乘数法（EMM）和永续增长法（PGM）两种方法。无论是对自由现金流量的估算、对资本成本的假设，还是计算终值时对永续增长率的预测，微小的变动都会对估值产生较大的影响。因此，现金流量贴现法的估值是建立在一系列假设的基础上，任一因素的变动都会引起估值结论的变动，所以现金流量贴现法的估值结论不能作为一个单一的价值，而是一个区间值的形式，这些假设对估值的影响应通过敏感性分析得到。下面概述现金流量贴现法的估值思路。

（一）研究估值对象，确定关键绩效驱动因素

1. 研究估值对象

执行现金流量贴现法的第一步，与其他估值方法一样，需要评估估值人员尽可能地深入研究估值对象，全面了解估值对象的业务模式、财务状况、终端市场和竞争对手。评估估值人员需要建立估值对象的财务预测模型、资本成本和终值的假设。同样，上市公司相较于非上市公司，信息的披露更加充分，更容易获取。应仔细阅读收购对象的年报、季报和临时报告，它们提供一家公司在过往报告期内的财务及营运表现的概要以及管理层的展望等。股票研究报告也可以提供不同视角的信息和观点，提供未来两三年期间财务业绩的预测。对于非上市公司，应更多依赖公司管理层提供相关财务报表和数据。

2. 确定关键绩效驱动因素

这一步主要分析收购对象的可持续经营能力，找到收购对象的关键绩效驱动因素。所谓关键绩效驱动因素，即收购对象的销售增长、盈利能力或自由现金流主要依靠什么产生。这些驱动因素既可能是内部的，如建设新的设施、设备，开发新产品，争取新的客户合同，以及改善营运等；也可能是外部的，如收购、消费者购买模式、宏观经济因素以及法律、监管的变化等。

一个既定公司的增长模式、盈利能力以及自由现金流与同行业的其他公司可能有很大差异。在增长模式方面，一些公司可能更专注于扩张，而另一些公司则更注重产品的研发和客户需求的匹配。盈利能力取决于很多因素，例如管理、品牌、客户群、业务重点、产品结构、营销策略、规模和技术等。在现金流量方面，资本支出、营运资金的使用等都会导致不同

公司的现金流有显著区别。

（二）预测自由现金流量

研究估值对象、确定关键绩效驱动因素这些前期工作完成后，评估估值人员开始预测自由现金流量。自由现金流量是一家公司产生的，在支付所有付现成本、税收以及资本支出和净营运资本增加后，但在支付所有利息开支前的现金流量。自由现金流量是站在整个公司的角度，代表所有资本提供者，包括债权人和股东可得的现金。自由现金流量公式如下：

自由现金流量＝EBIT－税收＋折旧和摊销－资本支出－净营运资本增加

预测自由现金流量时应考虑以下方面：

第一，收购对象的历史表现。历史情况为建立保守的现金流量预测提供支撑和参考，过去的增长率、利润率和其他比率通常是预测未来业绩的可靠保证，特别是对于那些非周期行业中的成熟企业而言。通常评估基准日前三年的数据可作为预测未来财务表现的良好基准。

第二，预测期长度。评估估值人员通常情况下预测为期五年的自由现金流量，预测期间的长短取决于行业、公司的发展阶段以及财务业绩的可预见性。估值对象的财务表现达到一个稳定的常态对于预测期的长短来说是至关重要的，所以对于初创企业或处于快速发展期的估值对象，不能千篇一律地以五年为预测期，建立更长期的预测模型更为合适。

第三，财务数据的预测。评估估值人员对于营业收入、营业成本、EBIT、EBITDA、折旧与摊销等财务数据的预测应参考管理层的预测假设，但也要有自己的预判能力，既要基于历史财务表现，又要结合行业发展趋势。

第四，资本支出。资本支出是公司因购买、改善、扩张或替换实物资产所使用的现金。资本支出的预测一般可以通过历史水平的销售百分比来计算，也要参考相关研究报告对收购对象未来资本支出的估计，同时还要结合公司的发展战略、营运阶段等因素综合考虑。

第五，净营运资本变化的预测。净营运资本＝流动资产－流动负债＝(应收账款＋存货＋预付费用及其他流动资产)－(应付账款＋应计负债＋其他流动负债)。对净营运资本的预测很重要，其代表公司每年的资金来源和使用。通常，应先计算应收账款周转率、存货周转率、应付账款周转率等，再结合营业收入、营业成本的未来预测，计算出净营运资本的变化。

（三）计算加权平均资本成本

资本成本通常可以分为股权资本成本和加权平均资本成本，这里我们以加权平均资本成本的计算为例。

第一步：确定估值对象的目标资本结构。若估值对象为上市公司，只要其资本结构落在上市可比公司的资本结构范围内，其自身的资本结构就可作为目标资本结构；如果处于上市可比公司资本结构范围的两端或在其外，选取可比公司资本结构的均值或中位数作为目标资本结构。对于非上市的估值对象，通常也采用上市可比公司资本结构的均值或中位数作为目标资本结构。一旦确定了估值对象的资本结构，整个预测期内假设其保持不变。

第二步：估计债务成本。一个公司的债务成本反映了在目标资本结构下的信用状况。信用状况受多种因素影响，例如公司规模、行业前景、周期性、信用评级、信贷统计、现金流、财务政策以及收购策略

等。债务成本一般来自债务工具的混合收益率，其中包括公共债务和私人债务。若评估对象目前不处于目标资本结构，债务成本必须由同行可比企业得出。公共债务，即指上市交易的债券，其债务成本在所有在外发行的债券当前收益率的基础上决定。对于私人债务，如循环信贷融资和短期债务，评估估值人员通常咨询内部的债务资本市场的专家，以确定目前的债务成本。当市场数据不可得时，另一种计算公司加权平均债务成本的方法是：以目前到期的债务所需负担的债务成本为利息水平的预测基础。然而，这种方法缺少前瞻性，可能无法恰当反映评估对象当时的市场条件。

第三步：估计股权成本。股权成本是公司的股权投资者所需的年回报率，不同于债务成本，公司的股权成本是很难从市场中获得的，要计算收购对象的股权预期回报，评估估值人员通常采用资本资产定价模型(CAPM)。CAPM是以股票投资者需要的以风险溢价的形式补偿承担的系统风险为前提的，是以超过无风险利率的市场回报为形式的。系统风险与整个市场相关，也被称为不可分散风险。相比之下，非系统风险是公司或部门个别的风险，可通过多样化投资分散，因此，股权成本中是不包含非系统风险的。资本资产定价模型的计算公式如下：

$$r_e = r_f + \beta_l \times (r_m - r_f)$$

式中，r_f 为无风险报酬率；β_l 为个别公司的股票回报相对于整体市场回报的敏感程度；$r_m - r_f$ 为市场风险溢价，是预期市场回报率与无风险利率的差。

第四步：计算加权平均资本成本。一旦上述步骤完成后，根据收购对象的目标资本结构、债务资本和股权资本计算加权平均资本成本。需要强调的是，计算加权平均资本成本时涉及多项假设，每个变量的细微变动都会影响估值结论，所以，应对加权平均资本成本进行敏感性分析，得出区

间范围。

（四）确定终值

现金流量贴现法是建立在公司未来产生的自由现金流量现值基础上的，由于预测无限期的公司自由现金流量并不可行，评估估值人员一般采用计算终值的方法估算超出预测期间的那部分公司价值。因此，终值通常是在收购对象预测期的最后一年基础上计算得到的。

在现金流量贴现法中，终值通常占一个公司价值的很大部分，有时多达四分之三或更多，所以终值的计算对整个公司的价值评估来说至关重要。终值的计算一般采用两种方法：退出乘数法和永续增长法。评估估值人员根据收购对象的情况，采用一种或两种方法，并相互进行检验。计算终值的一个很重要的前提是，确保公司预测期最后一年的财务状况接近稳定状态，而不是周期性的高点或低点。由于退出乘数法或永续增长法中都涉及潜在假设，所以需要做谨慎的检验和敏感性分析以保证终值可以较为合理地代表公司持续经营前提下的价值。下面分别介绍计算终值的两种方法。

1. 退出乘数法

退出乘数法是基于收购对象预测期终年前 12 个月的可比交易乘数（也可称为退出乘数）和终年的 EBITDA（或 EBIT）计算得到。由于交易乘数可能受行业或经济周期的影响，使用标准化的交易乘数更为合理，非标准化的交易乘数可能导致扭曲的估值，尤其是对于周期性较为明显的行业。退出乘数是终值计算的关键驱动因素，从而影响到现金流量贴现法的整体估值。标准化的退出乘数一定是一个区间形式，可通过退出乘数法的终值计算公式，在退出乘数范围的基础上对终值进行敏感

性分析，得到终值的区间。具体的估值操作可以参考可比公司法的估值过程。

退出乘数法的终值计算公式如下：

$$终值 = EBITDA_n \times 退出乘数$$

式中，n 为预测期的终年。

2. 永续增长法

永续增长法是在预测期终年的自由现金流的基础上，结合公司未来长期的可持续增长率的预测（通常是在公司预期的行业长期增长率的基础上选择），来计算标的公司的终值。与退出乘数法一样，永续增长法是基于对未来永续增长率的假设和预期，得到的是区间形式的永续增长率，也称做敏感性分析，最终得到终值的区间值。永续增长法的计算公式为：

$$终值 = \frac{FCF_n \times (1+g)}{r-g}$$

式中，FCF_n 为预测期终年的自由现金流量；g 为未来永续增长率；r 为加权平均资本成本。

3. 两种方法相互检验

退出乘数法和永续增长法一起使用，可互相检验。例如，我们可以用退出乘数法倒算隐含的永续增长率，并与永续增长法相比较。若差异较大，可能意味着退出乘数的假设是不合理的。

用退出乘数法倒算隐含永续增长率的公式如下：

年终贴现：

$$隐含永续增长率 = \frac{(终值_a \times WACC) - FCF_{终年}}{终值_a + FCF_{终年}}$$

年中贴现：

$$隐含永续增长率=\frac{(终值_a \times WACC)-FCF_{终年} \times (1+WACC)^{0.5}}{终值_a + FCF_{终年} \times (1+WACC)^{0.5}}$$

式中，a 代表用退出乘数法计算的终值。

我们也可用永续增长法倒算退出乘数，与退出乘数法比较，若与同行业标准化的交易乘数差异大，应重新审视永续增长率的预期是否合理。

用永续增长法倒算退出乘数的公式如下：

年终贴现：

$$隐含退出乘数=\frac{终值_a}{EBITDA_{终年}}$$

年中贴现：

$$隐含退出乘数=\frac{终值_b \times (1+WACC)^{0.5}}{EBITDA_{终年}}$$

式中，b 代表用永续增长法计算的终值。

（五）计算现值，并确定估值

1. 计算现值

现金流量贴现法的最后一步是将预测期每年的自由现金流量和未来永续年度的终值乘以贴现因子，计算收购对象的企业价值现值。贴现因子的计算方式可分为两种，一种是假设每年的现金流都是在年末流入，另一种是假设每年的现金流均匀流入。

年末贴现因子的计算公式为：

$$贴现因子=\frac{1}{(1+WACC)^n}$$

年中贴现因子的计算公式为：

$$贴现因子=\frac{1}{(1+\text{WACC})^{n-0.5}}$$

式中，n 表示预测期内年数。

需要注意的是，不仅对预测期内的现金流量进行年中贴现，在用永续增长法计算终值时，通常评估估值人员也假设未来永续的现金流量均匀流入，而用退出乘数法计算终值是基于过去 12 个月的交易乘数和预测期最后一年年末的 EBITDA（或 EBIT），应采用年终贴现。

2. 确定估值

确定收购对象的企业价值，即将预测期内每年的自由现金流贴现部分与终值的贴现部分加总。计算隐含的股权价值，即从企业价值中减去净负债、优先股和非控制股权。

3. 敏感性分析

如前所述，现金流量贴现法采用众多假设前提，每一个因素的变动都会对估值结论产生较大的影响，因此，敏感性分析是现金流量贴现法中较为关键的一步，不可忽略。敏感性分析主要是基于估值的关键驱动因素，例如，资本成本、退出乘数和永续增长率都是敏感性分析常用的变量。评估估值人员还可以对主要的财务数据进行额外的敏感性分析，例如销售增长率和利润率（见表 2—6、表 2—7 和表 2—8）。

综上所述，现金流量贴现法不受限于市场中数据的可得性，当没有相关的可比公司或交易先例时，现金流量贴现法是一种较为科学的估值方法。现金流量贴现法的估值结论被称为内在价值，可以作为市场途径估值结论的一个补充和验证。但该方法基于众多的假设前提，人为影响因素较多，弥补这一缺陷的最好方式是基于关键驱动因素，进行敏感性分析，以区间形式呈现估值结论，并与其他方法比较、相互验证。

表 2—6　　　　DCF 法估值　　　　单位：百万美元

项目	复合增长率 2005—2007 年	2008 年	2009 年	2010 年	2011 年	2012 年	2013 年	复合增长率 2008—2013 年
		预测数据						
销售收入	8.90%	1 000.00	1 080.00	1 144.80	1 190.60	1 226.30	1 263.10	4.80%
增长率		8.10%	8.00%	6.00%	4.00%	3.00%	3.00%	
销售成本		600	648	686.9	714.4	735.8	757.9	
毛利	9.50%	400.00	432.00	457.90	476.20	490.50	505.20	4.80%
毛利率		40.00%	40.00%	40.00%	40.00%	40.00%	40.00%	
营业利润		250	270	286.2	297.6	306.6	315.8	
EBITDA	12.70%	150.00	162.00	171.70	178.60	183.90	189.50	4.80%
增长率		15.00%	15.00%	15.00%	15.00%	15.00%	15.00%	
折旧和摊销		20	20	22.9	23.8	24.5	25.3	
EBIT	13.30%	130.00	140.40	148.80	154.80	159.40	164.20	4.80%
增长率		13.00%	13.00%	13.00%	13.00%	13.00%	13.00%	
所得税		49.4	49.4	56.6	58.8	60.60	62.4	
EBIAT	13.30%	80.60	87.00	92.30	96.00	98.80	101.80	4.80%
加：折旧和摊销		20	21.6	22.9	23.8	24.5	25.3	
减：资本性支出		−20	−21.6	−22.9	−23.8	−24.5	−25.3	
减：营运资金净流动			−0.8	−6.5	−4.6	−3.6	−3.7	
无杠杆自由现金流量			79.00	85.80	91.40	95.30	98.10	
WACC								
贴现期限			0.5	1.5	2.5	3.5	4.5	
贴现因子			0.95	0.86	0.77	0.69	0.63	
贴现现值			75.00	73.40	70.40	66.10	61.40	
累计自由现金流								346.30
终年的 EBITDA(2013E)								189.50
退出乘数								7.0x
终值								1 326.30
贴现因子								0.59
终值贴现值								787.10

续前表

DCF 法估值								
项目	复合增长率	预测数据						复合增长率
	2005—2007 年	2008 年	2009 年	2010 年	2011 年	2012 年	2013 年	2008—2013 年
占企业价值比例								69.40%
企业价值								1 133.30
减:有息负债								−300
减:优先证券								—
减:少数股权								—
加:现金和现金等价物								25
隐含的股权价值								858.30

注:表中未带单位的数字,除“贴现期限”和“贴现因子”外,单位皆为“百万美元”。

表 2—7　企业价值　　单位:百万美元

WACC \ 退出乘数	6.0x	6.5x	7.0x	7.5x	8.0x
10.00%	1 060	1 119	1 177	1 236	1 295
10.50%	1 040	1 098	1 155	1 213	1 270
11.00%	1 021	1 077	1 133	1 190	1 246
11.50%	1 002	1 057	1 112	1 157	1 222
12.00%	984	1 038	1 091	1 145	1 199

表 2—8　隐含永续增长率(%)

WACC \ 退出乘数	6.0x	6.5x	7.0x	7.5x	8.0x
10.00	0.90	1.50	2.10	2.60	3.00
10.50	1.30	2.00	2.50	3.00	3.50
11.00	1.70	2.40	3.00	3.50	3.90
11.50	2.20	2.80	3.40	3.90	4.40
12.00	2.60	3.30	3.90	4.40	4.80

资料来源:Joshua Rosenbaum and Joshua Pearl. *Investment Banking*, John Wiley & Sons Inc., 2009.

五、三种估值方法相互验证[①]

目前，可比公司法、交易先例法和现金流量贴现法共同构成华尔街的投行家们对活跃的股权交易的完整评估估值体系。在他们看来，任何一种方法都有其自身的实用性和局限性，单独使用任何一种方法来确定企业价值或股权价值都是不现实的，况且任何一种方法都不可能得出一个准确的绝对价值。唯一可行的方法就是将两种以上的方法得到的隐含价值区间放到一起比较，找到交集范围，作为最终确定评估对象价值的基础。如图2—1所示，三种方法估值结论区间形成一个“足球场”，价值宽度为10.27亿元到10.50亿元，这个足球场就是标的公司最理想的隐含价值区间。

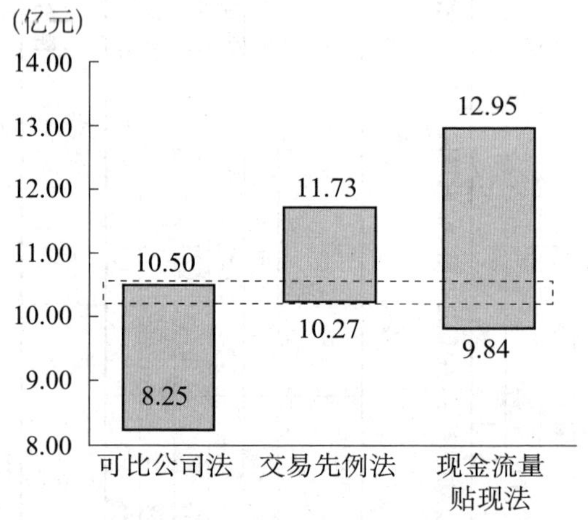

图2—1　标的公司估值“足球场”

---

① Joshua Rosenbaum and Joshua Pearl. *Investment Banking*, John Wiley & Sons Inc., 2009.

通过比对，若三种方法没有形成类似足球场的价值交集，则说明要么是评估方法不适用，要么是评估过程有问题，如收入增长预测不合理，贴现率参数选取不谨慎等等。因此，评估估值专业人士必须开展回顾检查，逐一核对数据质量，核对模型运算的准确性，分析可比公司的可比性及交易案例的趋同性。需要说明的是，经过反复论证估值结论，如果没有发现任何问题，就说明评估估值本身没有错误，有可能被评估对象所处行业正值上升期，市场大环境好，以可比公司法得出的估值区间大大高于交易先例法和现金流量贴现法得出的估值区间。

六、华尔街投行估值理念和方法体系对我国评估估值领域的启示

如上所述，华尔街投行评估估值理念和方法体系的形成是和美国经济结构调整升级相辅相成的。目前，我国经济正处于增长速度调整期、产业结构优化期、前期刺激政策消化期，需要消化过剩产能，解决环境污染问题，保护生态环境。解决这些矛盾和问题需要综合治理，但兼并重组是较为有效的措施之一。通过兼并重组可以消化落后产能，实现优势企业规模发展；通过兼并重组可以快速实现产业链上下游衔接，发挥协同效应；通过兼并重组可以发挥市场配置资源作用，减少企业发展过程中的瓶颈制约。

然而，兼并重组的核心问题是交易双方定价问题，而这个问题长期以来之所以困扰兼并重组，甚至成为障碍，关键是没有培育起像华尔街投行界的估值理念，也没有形成较为完善的、与经济发展相适应的评估估值方法体系。所以，我们应该从以下几个方面学习和借鉴华尔街投行的做法及经验。

（一）评估估值既是科学又是艺术，不能生搬硬套任何一种方法

评估估值首先是一门科学，是因为专业人员在进行估值时，需要与标的企业相关人员进行座谈，开展充分的尽职调查，并对标的企业进行深入的分析研究后，提取全面的历史及财务数据进行收益预测及相关参数选取，运用估值模型，经过科学严谨的理论推导和实践检验。评估估值也是一门艺术，是因为评估估值人员在运用不同的估值方法时，总会遇到一些特殊的难题，需要运用他们的智慧和经验去解决和平衡。如在运用可比公司法时，找不到两个完全一模一样的公司，因此就需要评估估值人员对标的企业与可比公司进行充分对比、调整，使双方在各个方面实现可比。著名投资大师巴菲特也曾说过：价值评估，既是艺术，又是科学。

（二）评估估值结论只能是一个价值区间，不能做绝对值表述

任何一个估值对象的价值都不是一成不变的，尤其是在使用收益法评估时，不同的人有不同的看法，不同的时点或者不同的买方都会对标的的估值产生影响。两个专业估值人员背对背评估同一标的，根据完全相同的资料也无法得到完全一致的评估结论。另外，由于评估结论对贴现率等参数的高度敏感性，专业估值人员通常需要对关键驱动因素进行敏感性分析，最终得到以区间形式呈现的估值结论，并将其与其他方法得到的评估结论相互比较、相互验证。因此，以区间形式呈现的估值结论是包含了不同条件下的标的价值的一种组合，与绝对值比较起来更加客观和全面。所以，评估结论采用一个绝对值是不科学的，采用这种估值进行交易定价更是不恰当的。学习和借鉴华尔街的做法，最应该将评估结论表述为一个隐

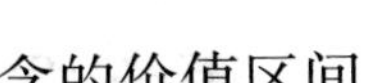

含的价值区间。

（三）对同一标的物估值，至少需要两种以上方法，且要相互验证，每一种方法都需要从不同时间跨度、不同维度去观察

实践证明，评估企业价值和评估人才具有很多相同之处，不可能仅凭一个因素就决定是不是优秀人才，要看学历、阅历、经历、过往业绩等等。衡量企业价值更是如此，至少要从公司结构、产品、生产和环保、研发、供应、客户、销售、行业和竞争、人力资源、公司战略、财务等多个维度去考量。每个维度又有若干个子维度，如公司结构包括历史沿革及发展过程、股东演变、组织结构、公司治理、关联方、政府支持力度等，再如产品包括产品分类、销售收入、销售量、毛利、成本、销售区域、销售方式、定价策略、产品研发等。对各要素的评价都是既要看过去，又要看现在，更要看未来。而评估过去、现在和未来的方法亦不尽相同：成本途径估值适于对企业过去形成的资产价值的衡量；市场途径估值是一种基于标的企业当前市场价值的概念；而收益途径是基于标的企业未来持续稳定现金流的一种估值思路。所以，任何单一一种方法都无法确切衡量一个持续经营企业的价值，只有多种方法的综合运用，才能称得上是相对恰当估值。再从一种方法的参数运用上讲，一般都有个浮动区间，如成本法的重置成本及成新率、市场法的因素调整、收益法的现金流和资金成本都是敏感因素，任何微小变动都会导致评估结论的较大变化，所以，必须从多个维度去检验评估结论。这就是华尔街投行的精细之处，的确值得我们学习和借鉴。

第三章

国内应用可比公司法的条件分析

可比公司法是一种通过市场途径对标的企业进行评估估值的方法，其应用就必然需要有一个成熟有效的资本市场为基础。在这个资本市场中，投资者所能获取的信息是真实、准确和完整的，信息披露是充分有效的。经过 20 多年的飞速发展，我国资本市场发展日趋成熟，监管部门的政策法规不断完善，从主板到中小板、创业板，再到新三板市场，参与者的不断增多，万得、同花顺等金融信息服务提供商的不断涌现，为可比公司法的应用创造了良好的外部基础。

一、信息披露作为公司治理的重要组成部分，要求严格，披露全面，为可比公司法的应用奠定了基础

可比公司法的应用是以获得及时、完整、真实的可比公司的财务数据和与之相关的非财务数据为前提。从我国资本市场当前的建设情况看，信

息披露的制度要求越来越具体和严格，打击虚假披露的力度越来越大，上市公司的信息质量明显提高。

（一）我国上市公司信息披露管理规范体系建设情况

证券市场监管是整个金融监管的重要组成部分。在我国，证监会对证券市场的监管、银监会对商业银行的监管、保监会对保险机构的监管，构成我国金融行业监管的完整体系。中国证监会对证券市场的监管，主要是根据国家的有关法律法规对证券发行和交易实施的监督与管理，以确保证券市场的有序运行。我国证券市场发展的时间虽然不长，但对上市公司的监管却始终高度重视。1993 年以来针对信息披露体系建设证监会先后出台了一系列规章制度，主要有：《公开发行股票公司信息披露实施细则》（试行）（证监上字［1993］43 号）、《关于股票公开发行与上市公司信息披露有关事项的通知》（证监研字［1993］19 号）、《关于加强对上市公司临时报告审查的通知》（证监上字［1996］26 号）、《关于上市公司发布澄清公告若干问题的通知》（证监上字［1996］28 号）、《上市公司披露信息电子存档事宜的通知》（证监信字［1998］50 号）、《关于进一步加强 ST、PT 公司信息披露监管工作的通知》（证监公司字［2000］63 号）、《关于拟发行新股的上市公司中期报告有关问题的通知》（证监公司字［2001］69 号）、《关于上市公司临时公告及相关附件报送中国证监会派出机构备案的通知》（证监公司字［2003］7 号）等等。受 2001 年美国安然事件的影响，特别是在我国证券市场接连出现了所谓“东方锅炉”欺诈发行上市、“琼民源”虚假陈述、“亿安科技”操纵市场、“张家界”内幕交易、“济南轻骑”被掏空等上市公司不同形式的违法违规案之后，我国证券监管部门对上市公司的监管也日趋严厉，对上市公司信息披露的要求越来越详细，严格规定了上市公司在公开发行证券和日常公司经营期间需要进行信息披露的内容、格式、时间上的要求、渠道和详尽的程度等，要求信息披露义务人应当真实、准确、完整、及时地披露信息，不得有虚假记载、误导性陈述或者重大遗漏。

现阶段我国上市公司信息披露规范体系，包括信息披露基本规范5项，针对公开发行证券则出台了信息披露内容与格式准则共计28项（不含废止）及公开发行证券的公司信息披露编报规则19项（不含废止）以及多项信息披露规范问答、解释性公告和备忘录等等。可以说，针对各类上市公司从公开发行股票到日常经营，从再融资到并购重组，清晰、全面、严格地规定了上市公司信息披露的完整体系。恰恰是以上完整、严格、真实的信息披露制度为可比公司法的应用奠定了坚实的基础。表3—1给出了目前正在执行的由中国证监会颁布的中国上市公司信息披露具体规范。

表3—1　　中国上市公司信息披露规范体系

信息披露基本规范	
《信息披露违法行为行政责任认定规则》	中国证监会2011年4月29日，证监会公告［2011］11号
《关于规范上市公司信息披露及相关各方行为的通知》	中国证监会2007年9月12日，证监公司字［2007］128号
《关于上市公司立案稽查及信息披露有关事项的通知》	中国证监会2007年8月13日，证监发［2007］111号
《上市公司信息披露管理办法》	中国证监会令第40号2007年1月30日
《关于做好与新会计准则相关财务会计信息披露工作的通知》	中国证监会2006年11月27日，证监发［2006］136号
信息披露内容与格式准则	
《公开发行证券的公司信息披露内容与格式准则第1号——招股说明书（2006年修订）》	中国证监会2006年5月18日，证监发行字［2006］5号
《公开发行证券的公司信息披露内容与格式准则第2号——年度报告的内容与格式》（后称《年报准则》）	中国证监会2012年9月19日，证监会公告［2012］22号

《公开发行证券的公司信息披露内容与格式准则第3号——半年度报告的内容与格式》	中国证监会2013年4月15日，证监会公告［2013］23号
《公开发行证券的公司信息披露内容与格式准则第5号——公司股份变动报告的内容与格式》	中国证监会2007年6月28日，证监公司字［2007］98号
《公开发行证券的公司信息披露内容与格式准则第7号——股票上市公告书》	中国证监会2001年3月15日，证监发［2001］42号
《公开发行证券的公司信息披露内容与格式准则第9号——首次公开发行股票并上市申请文件（2006年修订）》	中国证监会2006年5月18日，证监发行字［2006］6号
《公开发行证券的公司信息披露内容与格式准则第10号——上市公司公开发行证券申请文件》	中国证监会2006年5月8日，证监发行字［2006］1号
《公开发行证券的公司信息披露内容与格式准则第11号——上市公司公开发行证券募集说明书》	中国证监会2006年5月8日，证监发行字［2006］2号
《公开发行证券的公司信息披露内容与格式准则第15号——权益变动报告书》	中国证监会2006年8月4日，证监公司字［2006］156号
《公开发行证券的公司信息披露内容与格式准则第16号——上市公司收购报告书》	中国证监会2006年8月4日，证监公司字［2006］156号
《公开发行证券的公司信息披露内容与格式准则第17号——要约收购报告书》	中国证监会2006年8月4日，证监公司字［2006］156号
《公开发行证券的公司信息披露内容与格式准则第18号——被收购公司董事会报告书》	中国证监会2006年8月4日，证监公司字［2006］156号
《公开发行证券的公司信息披露内容与格式准则第19号——豁免要约收购申请文件》	中国证监会2006年8月4日，证监公司字［2006］156号
《公开发行证券的公司信息披露内容与格式准则第20号——证券公司发行债券申请文件》	中国证监会2003年8月29日，证监发行字［2003］106号
《公开发行证券的公司信息披露内容与格式准则第21号——证券公司公开发行债券募集说明书》	中国证监会2003年8月29日，证监发行字［2003］106号
《公开发行证券的公司信息披露内容与格式准则第22号——证券公司债券上市公告书》	中国证监会2003年8月29日，证监发行字［2003］106号
《公开发行证券的公司信息披露内容与格式准则第23号——公开发行公司债券募集说明书》	中国证监会2007年8月15日，证监发行字［2007］224号
《公开发行证券的公司信息披露内容与格式准则第24号——公开发行公司债券申请文件》	中国证监会2007年8月15日，证监发行字［2007］225号
《公开发行证券的公司信息披露内容与格式准则第25号——上市公司非公开发行股票预案和发行情况报告书》	中国证监会2007年9月17日，证监发行字［2007］303号

《公开发行证券的公司信息披露内容与格式准则第26号——上市公司重大资产重组申请文件》	中国证监会2008年4月16日，证监会公告［2008］13号
《发行证券的公司信息披露内容与格式准则第27号——发行保荐书和发行保荐工作报告》	中国证监会2009年3月27日，证监会公告［2009］4号
《公开发行证券的公司信息披露内容与格式准则第28号——创业板公司招股说明书》	中国证监会2009年7月20日，证监会公告［2009］17号
《公开发行证券的公司信息披露内容与格式准则第29号——首次公开发行股票并在创业板上市申请文件》	中国证监会2009年7月20日，证监会公告［2009］18号
《公开发行证券的公司信息披露内容与格式准则第30号——创业板上市公司年度报告的内容与格式》	中国证监会2012年12月14日，证监会公告［2012］43号
《公开发行证券的公司信息披露内容与格式准则第31号——创业板上市公司半年度报告的内容与格式》	中国证监会2013年6月28日，证监会公告［2013］29号
《公开发行证券的公司信息披露内容与格式准则第32号——发行优先股申请文件》	中国证监会2014年4月1日，证监会公告［2014］12号
《公开发行证券的公司信息披露内容与格式准则第33号——发行优先股预案和发行情况报告书》	中国证监会2014年4月1日，证监会公告［2014］13号
《公开发行证券的公司信息披露内容与格式准则第34号——发行优先股募集说明书》	中国证监会2014年4月1日，证监会公告［2014］14号
信息披露编报规则	
《公开发行证券公司信息披露编报规则第1号——商业银行招股说明书内容与格式特别规定》	中国证监会2000年11月2日，证监发［2000］76号
《公开发行证券公司信息披露编报规则第2号——商业银行财务报表附注特别规定》	中国证监会2000年11月2日，证监发［2000］76号
《公开发行证券公司信息披露编报规则第3号——保险公司招股说明书内容与格式特别规定（2006年修订）》	中国证监会2006年12月8日，证监发行字［2006］151号
《公开发行证券公司信息披露编报规则第4号——保险公司信息披露特别规定》	中国证监会2007年8月28日，证监公司字［2007］139号
《公开发行证券公司信息披露编报规则第5号——证券公司招股说明书内容与格式特别规定》	中国证监会2000年11月2日，证监发［2000］76号
《公开发行证券公司信息披露编报规则第6号——证券公司财务报表附注特别规定》	中国证监会2000年11月2日，证监发［2000］76号
《公开发行证券公司信息披露编报规则第8号——证券公司年度报告内容与格式特别规定》	中国证监会2000年12月21日，证监发［2000］80号
《公开发行证券公司信息披露编报规则第9号——净资产收益率和每股收益的计算及披露》	中国证监会2010年1月11日，证监会公告［2010］2号

《公开发行证券公司信息披露编报规则第 10 号——从事房地产开发业务的公司招股说明书内容与格式特别规定》	中国证监会 2001 年 2 月 6 日，证监发［2001］17 号
《公开发行证券公司信息披露编报规则第 11 号——从事房地产开发业务的公司财务报表附注特别规定》	中国证监会 2001 年 2 月 6 日，证监发［2011］17 号
《公开发行证券公司信息披露的编报规则第 12 号——公开发行证券的法律意见书和律师工作报告》	中国证监会 2001 年 3 月 1 日，证监发［2001］37 号
《公开发行证券的公司信息披露编报规则第 13 号——季度报告内容与格式特别规定》	中国证监会 2013 年 4 月 15 日，证监会公告［2013］23 号
《公开发行证券的公司信息披露编报规则第 14 号——非标准无保留审计意见及其涉及事项的处理》	中国证监会 2001 年 12 月 23 日，证监发［2001］157 号
《公开发行证券的公司信息披露编报规则第 15 号——财务报告的一般规定》	中国证监会 2010 年 1 月 11 日，证监会公告［2010］1 号
《公开发行证券的公司信息披露编报规则第 17 号——外商投资股份有限公司招股说明书内容与格式特别规定》	中国证监会 2002 年 3 月 19 日，证监发［2002］17 号
《公开发行证券的公司信息披露编报规则第 19 号——财务信息的更正及相关披露》	中国证监会 2003 年 12 月 1 日，证监会计字［2003］16 号
《公开发行证券的公司信息披露编报规则第 20 号——创业板上市公司季度报告的内容与格式》	中国证监会 2013 年 3 月 25 日，证监会公告［2013］21 号
《公开发行证券的公司信息披露编报规则第 21 号——年度内部控制评价报告的一般规定》	中国证监会、财政部 2014 年 1 月 3 日，证监会公告［2014］1 号
《公开发行证券的公司信息披露编报规则第 26 号——商业银行信息披露特别规定（2014 年修订）》	中国证监会 2014 年 1 月 6 日，证监会公告［2014］3 号
信息披露规范问答/解释性公告	
《公开发行证券的公司信息披露解释性公告第 1 号——非经常性损益》	中国证监会 2008 年 10 月 31 日，证监会公告［2008］43 号
《公开发行证券的公司信息披露规范问答第 2 号——中高层管理人员激励基金的提取》	中国证监会 2001 年 6 月 29 日，证监会计字［2001］15 号
《公开发行证券的公司信息披露规范问答第 3 号——弥补累计亏损的来源、程序及信息披露（2006 年修订）》	中国证监会 2006 年 4 月 10 日，证监会计字［2006］8 号
《公开发行证券的公司信息披露规范问答第 5 号——分别按国内外会计准则编制的财务报告差异及其披露》	中国证监会 2001 年 11 月 7 日，证监会计字［2001］60 号
《公开发行证券的公司信息披露规范问答第 6 号——支付会计师事务所报酬及其披露》	中国证监会 2001 年 12 月 24 日，证监会计字［2001］67 号
《公开发行证券的公司信息披露规范问答第 7 号——新旧会计准则过渡期间比较财务会计信息的编制和披露》	中国证监会 2007 年 2 月 15 日，证监会计字［2007］10 号

同时，为进一步规范投资者买卖上市公司股份，特别是持有上市公司限售存量股份股东的交易行为，根据《证券法》、《上市公司收购管理办法》、《上海证券交易所股票上市规则》等规定，上海证券交易所制定了一系列上市公司重大资产重组信息披露工作备忘录，具体见表3—2。

表3—2

编号	内容
《上市公司重大资产重组信息披露工作备忘录第一号》	《信息披露业务办理流程（2012年8月修订）》
《上市公司重大资产重组信息披露工作备忘录第二号》	《上市公司重大资产重组财务顾问业务指引》
《上市公司重大资产重组信息披露工作备忘录第三号》	《资产评估相关信息披露（2012年8月修订）》
《上市公司重大资产重组信息披露工作备忘录第四号》	《重组内幕信息知情人名单登记及提交（2012年8月修订）》
《上市公司重大资产重组信息披露工作备忘录第五号》	《立案调查公司申请重大资产重组停牌注意事项（2012年8月修订）》
《上市公司重大资产重组信息披露工作备忘录第六号》	《上市公司现金选择权业务指引（试行）》
《上市公司重大资产重组信息披露工作备忘录第七号》	《借壳上市的标准和条件》
《上市公司重大资产重组信息披露工作备忘录第八号》	《上市公司重人资产重组预案公告格式指引（试行）（2012年8月修订）》
《上市公司重大资产重组信息披露工作备忘录第九号》	《上市公司终止重大资产重组的信息披露（试行）》
《上市公司重大资产重组信息披露工作备忘录第十号》	《重组公司持续信息披露》

此外，深交所也制定了信息披露业务相关备忘录，具体见表3—3。

表3—3

编号	内容
《信息披露业务备忘录第14号》	《矿业权相关信息披露》
《信息披露业务备忘录第16号》	《资产评估相关信息披露》
《信息披露业务备忘录第17号》	《重大资产重组预案审核关注要点》
《信息披露业务备忘录第34号》	《内幕信息知情人报备相关事项》
《信息披露业务备忘录第39号》	《股东及一致行动人增持股份》

深交所制定了中小企业板信息披露业务相关备忘录，具体见表3—4。

表 3—4

编号	内容
《中小企业板信息披露业务备忘录第 1 号》	《业绩预告、业绩快报及其修正》
《中小企业板信息披露业务备忘录第 2 号》	《投资者关系管理及其信息披露》
《中小企业板信息披露业务备忘录第 3 号》	《上市公司非公开发行股票》
《中小企业板信息披露业务备忘录第 4 号》	《年度报告披露相关事项》
《中小企业板信息披露业务备忘录第 5 号》	《财务报告披露注意事项》
《中小企业板信息披露业务备忘录第 6 号》	《矿业权投资》
《中小企业板信息披露业务备忘录第 7 号》	《关联交易》
《中小企业板信息披露业务备忘录第 8 号》	《信息披露事务管理制度相关要求》
《中小企业板信息披露业务备忘录第 9 号》	《股权激励限制性股票的取得与授予》
《中小企业板信息披露业务备忘录第 10 号》	《计提资产减值准备》
《中小企业板信息披露业务备忘录第 11 号》	《重大经营环境变化》
《中小企业板信息披露业务备忘录第 12 号》	《股权激励股票期权实施、授予与行权》
《中小企业板信息披露业务备忘录第 13 号》	《会计政策及会计估计变更》
《中小企业板信息披露业务备忘录第 14 号》	《证券投资》
《中小企业板信息披露业务备忘录第 15 号》	《日常经营重大合同》
《中小企业板信息披露业务备忘录第 16 号》	《商业银行年度报告披露的特别要求》
《中小企业板信息披露业务备忘录第 17 号》	《重大资产重组（一）——重大资产重组相关事项》
《中小企业板信息披露业务备忘录第 18 号》	《重大资产重组（二）——上市公司重大资产重组财务顾问业务指引（试行）》
《中小企业板信息披露业务备忘录第 19 号》	《重大资产重组（三）——重大资产重组审查对照表》
《中小企业板信息披露业务备忘录第 20 号》	《股东追加股份限售承诺》
《中小企业板信息披露业务备忘录第 21 号》	《重大资产重组（四）——发出股东大会通知前持续信息披露规范要求》
《中小企业板信息披露业务备忘录第 22 号》	《重大资产重组（五）——资产评估相关信息披露》
《中小企业板信息披露业务备忘录第 23 号》	《股东及其一致行动人增持股份》
《中小企业板信息披露业务备忘录第 24 号》	《内幕信息知情人员登记管理相关事项》
《中小企业板信息披露业务备忘录第 25 号》	《商品期货套期保值业务》
《中小企业板信息披露业务备忘录第 26 号》	《土地使用权及股权竞拍事项》
《中小企业板信息披露业务备忘录第 27 号》	《对外提供财务资助》
《中小企业板信息披露业务备忘录第 28 号》	《“管理层讨论与分析”编制指引》
《中小企业板信息披露业务备忘录第 29 号》	《超募资金使用及募集资金永久性补充流动资金》
《中小企业板信息披露业务备忘录第 30 号》	《风险投资》
《中小企业板信息披露业务备忘录第 31 号》	《募集资金三方监管协议范本》
《中小企业板信息披露业务备忘录第 32 号》	《上市公司信息披露公告格式》
《中小企业板信息披露业务备忘录第 33 号》	《利润分配和资本公积转增股本》

深交所制定了创业板信息披露业务相关备忘录，具体见表 3—5。

表 3—5

编号	内容
《创业板信息披露业务备忘录第 1 号》	《超募资金使用》
《创业板信息披露业务备忘录第 2 号》	《上市公司信息披露公告格式》
《创业板信息披露业务备忘录第 3 号》	《财务报告披露注意事项》
《创业板信息披露业务备忘录第 4 号》	《内幕信息知情人报备相关事项》
《创业板信息披露业务备忘录第 5 号》	《股东及其一致行动人增持股份业务管理》
《创业板信息披露业务备忘录第 6 号》	《利润分配与资本公积金转增股本相关事项》
《创业板信息披露业务备忘录第 7 号》	《日常经营重大合同》
《创业板信息披露业务备忘录第 8 号》	《股权激励（股票期权）实施、授予、行权与调整》
《创业板信息披露业务备忘录第 9 号》	《股权激励（限制性股票）实施、授予与调整》
《创业板信息披露业务备忘录第 10 号》	《年度报告披露相关事项》
《创业板信息披露业务备忘录第 11 号》	《业绩预告、业绩快报及其修正》
《创业板信息披露业务备忘录第 12 号》	《会计政策及会计估计变更》
《创业板信息披露业务备忘录第 13 号》	《重大资产重组相关事项》
《创业板信息披露业务备忘录第 14 号》	《上市公司重大资产重组财务顾问业务指引（试行）》
《创业板信息披露业务备忘录第 15 号》	《信息披露直通车公告类别》
《创业板信息披露业务备忘录第 16 号》	《投资者关系管理及其信息披露》
《创业板信息披露业务备忘录第 17 号》	《对外提供财务资助》
《创业板信息披露业务备忘录第 18 号》	《控股股东、实际控制人股份减持信息披露》
《创业板信息披露业务备忘录第 19 号》	《股东大会相关事项》

不同部门发布的不同层次的规章制度构成了我国上市公司信息披露管理的完整体系，也为上市公司治理打下了良好的基础。

（二）上市公司信息披露管理的主要内容

1. 上市公司发行环节及日常经营环节信息披露管理的主要内容

为了规范发行人、上市公司及其他信息披露义务人的信息披露行为，加强信息披露事务管理，保护投资者的合法权益，2006 年 12 月 13 日中国证监会制定通过了《上市公司信息披露管理办法》。要求信息披露义务人

应当真实、准确、完整、及时地披露信息，不得有虚假记载、误导性陈述或者重大遗漏。

信息披露文件主要包括招股说明书、募集说明书、上市公告书、定期报告和临时报告等。其中，上市公司定期报告和临时报告是信息披露的核心和重点。上市公司应当披露的定期报告包括年度报告、中期报告和季度报告。凡是对投资者作出投资决策有重大影响的信息，均应当披露。年度报告应当记载公司基本情况、主要会计数据和财务指标；公司股票、债券发行及变动情况，报告期末股票、债券总额、股东总数，公司前 10 大股东持股情况；持股 5%以上股东、控股股东及实际控制人情况；董事、监事、高级管理人员的任职情况、持股变动情况、年度报酬情况；董事会报告；管理层讨论与分析；报告期内重大事件及对公司的影响；财务会计报告和审计报告全文。上市公司年度报告应当在每个会计年度结束之日起 4 个月内，中期报告应当在每个会计年度的上半年结束之日起 2 个月内，季度报告应当在每个会计年度第 3 个月、第 9 个月结束后的 1 个月内编制完成并披露。

当发生可能对上市公司证券及其衍生品种交易价格产生较大影响的重大事件，而投资者尚未得知时，上市公司应当立即披露，并说明事件的起因、目前的状态和可能产生的影响。重大事件主要包括：公司的经营方针和经营范围的重大变化；公司的重大投资行为和重大的购置财产的决定；公司订立重要合同，可能对公司的资产、负债、权益和经营成果产生重要影响；公司发生重大债务和未能清偿到期重大债务的违约情况，或者发生大额赔偿责任；公司发生重大亏损或者重大损失；公司生产经营的外部条件发生的重大变化；公司减资、合并、分立、解散及申请破产的决定；或者依法进入破产程序、被责令关闭；涉及公司的重大诉讼、仲裁，股东大会、董事会决议被依法撤销或者宣告无效；董事会就发行新股或者其他再融资方案、股权激励方案形成相关决议；主要资产被查封、扣押、冻结或者被抵押、质押；对外提供重大担保；变更会计政策、会计估计等等。

上市公司董事、监事、高级管理人员应当对公司信息披露的真实性、准确性、完整性、及时性、公平性负责。上市公司董事长、总经理、董事会秘书应当对公司临时报告信息披露的真实性、准确性、完整性、及时性、公平性承担主要责任。上市公司董事长、总经理、财务负责人应当对公司财务报告的真实性、准确性、完整性、及时性、公平性承担主要责任。

2. 上市公司重大资产重组相关管理办法中有关信息披露的主要内容

由于上市公司的重大资产重组是证监会监管的核心，在重大资产重组管理、上市公司收购、借壳重组、上市公司退市后重新上市以及申报文件、信息披露、财务顾问的管理等方面，中国证监会出台了若干政策法规，进行了较为全面的规范。例如，为了规范上市公司的收购及相关股份权益变动活动，保护上市公司和投资者的合法权益，促进证券市场资源的优化配置，中国证监会制定了《上市公司收购管理办法》。该办法规定上市公司的收购及相关股份权益变动活动，必须遵循公开、公平、公正的原则。上市公司的收购及相关股份权益变动活动中的信息披露义务人，应当充分披露其在上市公司中的权益及变动情况，依法严格履行报告、公告和其他法定义务。任何人不得利用上市公司的收购损害被收购公司及其股东的合法权益。

在信息披露方面，根据《上市公司收购管理办法》，通过证券交易所的证券交易，投资者及其一致行动人拥有权益的股份达到一个上市公司已发行股份的5%时，应当在该事实发生之日起3日内编制权益变动报告书。前述投资者及其一致行动人拥有权益的股份达到一个上市公司已发行股份的5%后，通过证券交易所的证券交易，其拥有权益的股份占该上市公司已发行股份的比例每增加或者减少5%，应当进行报告和公告。在报告期限内和作出报告、公告后2日内，不得再行买卖该上市公司的股票。通过

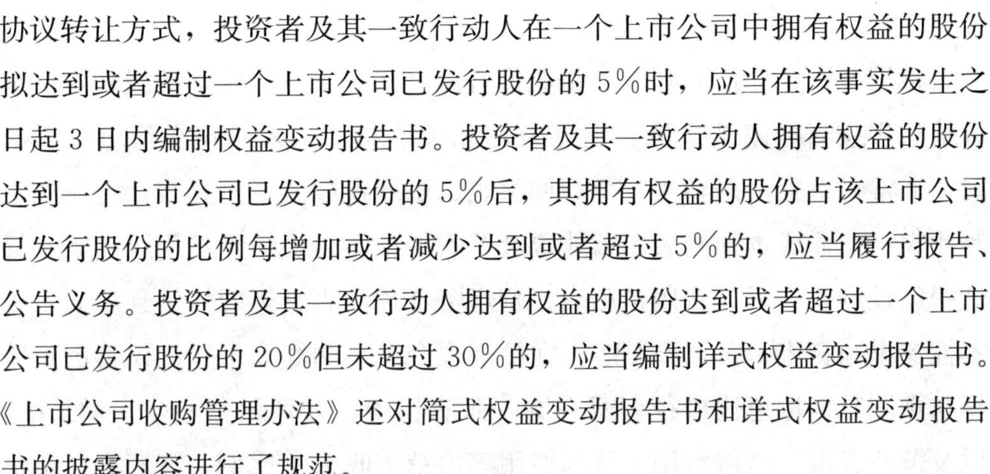

协议转让方式，投资者及其一致行动人在一个上市公司中拥有权益的股份拟达到或者超过一个上市公司已发行股份的5%时，应当在该事实发生之日起3日内编制权益变动报告书。投资者及其一致行动人拥有权益的股份达到一个上市公司已发行股份的5%后，其拥有权益的股份占该上市公司已发行股份的比例每增加或者减少达到或者超过5%的，应当履行报告、公告义务。投资者及其一致行动人拥有权益的股份达到或者超过一个上市公司已发行股份的20%但未超过30%的，应当编制详式权益变动报告书。《上市公司收购管理办法》还对简式权益变动报告书和详式权益变动报告书的披露内容进行了规范。

申请文件是拟进行重大资产重组的上市公司向中国证监会报送的必备文件，《内容与格式准则第26号——上市公司重大资产重组申请文件》规定的申请文件目录是上市公司重大资产重组申请文件的最低要求。不论该准则是否有明确规定，凡对投资者作出投资决策有重大影响的信息，上市公司均应当提供并披露。该准则对重组预案、重组报告书、独立财务顾问报告、法律意见书、自查报告、重大资产重组实施情况报告书的内容进行了规范，明确了需提供盈利预测报告、审计报告及评估报告的情况，对上述文件的格式及纸张作了明确要求，并附有上市公司重大资产重组申请文件目录。

为了进一步提高上市公司重大资产重组评估报告信息披露质量，中国资产评估协会也发布了《资产评估操作专家提示——上市公司重大资产重组评估报告披露》。该专家提示针对上市公司重大资产重组评估报告披露业务提供了必要的技术支持，有助于推广成功重组案例中的有效做法，为需要指导的执业人员提供借鉴，合理防范执业风险。

《资产评估操作专家提示——上市公司重大资产重组评估报告披露》对上市公司并购重组业务中有关评估报告的披露内容进行了详细规范。根据评估标的不同，对涉及土地评估、矿业权评估的评估报告分别提出了披露要求。

根据《资产评估准则——企业价值》对采用收益法评估的报告，要求评估报告应当披露结论测算时涉及的相关表格。当采用现金流量贴现法时，通常包括资产调整表、负债调整表、贴现现金流量测算表、营业收入预测表、营业成本预测表、营业税金及附加预测表、销售费用预测表、管理费用预测表、财务费用预测表、营运资金预测表、折旧摊销预测表、资本性支出预测表、负债预测表。在贴现现金流量测算表中，建议将历史数据与预测数据按可比口径列示在同一张表格中，并列示营业收入增长率，以及营业成本、销售费用、管理费用等占销售收入的比例；在资产、负债调整表中，建议列明溢余资产、非经营性资产、负债以及付息负债的情况。另外，报告还要指出业绩承诺期前后预测趋势存在重大差异的原因及其合理性。此外，报告中还应包括所使用贴现率模型或估算方法，以及无风险利率、风险溢价、个别风险或行业收益率、附加风险的估算过程及结果；引用数据的出处，可比公司的选择标准和选择结果。

采用市场法评估企业价值时，评估报告应当披露：可比上市公司的选择标准、股票简称及代码；交易案例选择标准、案例来源及相关信息（案例相关信息通常包括交易目的、交易时间、交易股权比例等）；价值比率选择过程、调整过程及结果。

（三）近年来有关部门对上市公司监管的情况

近年来，随着各种规章制度的不断完善，有关部门对于上市公司的监管愈发严格，各类中介组织的行业自律部门也配套加强了对相关业务的监管，上市公司治理和信息披露均得到了有效改善。如证监会最新发布的《上市公司 2012 年年报现场监管情况通报》指出，《年报准则》总体执行

情况良好，上市公司透明度增强，以投资者需求为导向的信息披露理念进一步确立；年报披露信息的完整性和可读性增强；社会责任报告披露数量不断增加，披露质量不断提升；信息披露恶意违规与往年比较进一步减少；通过及时、有效的信息披露，公司重大风险得到充分揭示和有效化解，有力保护了投资者的合法权益。

我们利用国泰安（CSMAR）的数据库进行了查询统计，自 2004 年 1 月 1 日至 2014 年 3 月 18 日，十年间有关部门（不含上市公司自行处理）对违反证券行业的管理法规的行为（含针对上市公司、保荐机构、律师事务所及会计师事务所等中介机构）发文进行处罚事件共 762 件，财政部发文处罚 1 件，中国证监会单独发文处罚 263 件，深圳证券交易所单独发文处罚 360 件，上海证券交易所单独发文处罚 130 件，中国证监会分别与交易所联合发文处罚 7 件，地方证监局单独发文处罚 1 件。这其中涉及信息披露的处罚 595 件。表 3—6 给出了有关机构发文处罚违规行为的统计。

表 3—6

公告日期	公告发布机构						总计
	财政部	地方证监局	上海证券交易所	深圳证券交易所	中国证监会	中国证监会及两大交易所	
2004			22	31	31		84
2005			22	33	14	1	70
2006			18	23	21	2	64
2007	1		12	33	23		69
2008			2	32	18	1	53
2009		1	8	36	23		68
2010			7	29	27	3	66
2011			7	46	22		75
2012			9	37	33		79
2013			16	52	38		106
2014			7	8	13		28
总计	1	1	130	360	263	7	762

从上述情况可以看出，随着证监会对违规行为的打击力度越来越大，针对违规行为的处理也逐年递增。有关机构发文处罚信息披露行为的统计见表3—7。

表3—7

公告日期	公告发布机构						总计
	财政部	地方证监局	上海证券交易所	深圳证券交易所	中国证监会	中国证监会及两大交易所	
2004			22	31	27		80
2005			21	33	14	1	69
2006			17	17	21	2	57
2007	1		12	26	22		61
2008			2	25	15	1	43
2009		1	7	25	15		48
2010			6	22	18	3	49
2011			7	29	14		50
2012			8	31	18		57
2013			14	39	12		65
2014			7	7	2		16
总计	1	1	123	285	178	7	595

2012年中国证监会行政处罚工作收效显著。行政处罚委员会共审结各类证券期货违法违规案件82件，其中包括信息披露违法案件34件、内幕交易案件33件、操纵市场案件10件；共作出56项行政处罚决定书和8项市场禁入决定书，移送司法案件1起。行政处罚对象中涉及17家上市公司、2家会计师事务所、8家其他机构、168名个人，涉及罚没款共计4.37亿元，比2011年增长24%。

从2012年年底起，证监会及时调整执法重心，加大对欺诈发行和虚假信息披露的打击力度。2013年1月至10月立案调查46起相关类型案件，是2012年同期的3倍，占立案总数的比例从15%大幅上升至33%。收缴罚没款14 876.3万元，同比增长近2倍。除严厉处罚万福生科等案件

外，还对珠海中富、北大荒、隆基股份、华塑股份、海联讯等一批信息披露违法违规案件和部分中介机构未勤勉尽责行为立案稽查，体现了证监会坚决维护市场诚信基础的决心。此外，不断加大对此类立案信息的新闻宣传，从源头上提高违法成本，促进上市公司提升信息披露质量，敦促保荐机构、会计师事务所、律师事务所等中介机构切实肩负起市场守门人的职责，起到了较好效果。所有这些，都为在国内应用可比公司法逐步夯实了基础。

二、我国资本市场不断发展，上市公司层次分明、门类基本齐全，为可比公司法的应用创造了条件

（一）我国资本市场的发展简史

自 1990 年国家允许在有条件的大城市建立证券交易所，上海证券交易所、深圳证券交易所分别于 1990 年 11 月、12 月先后成立。1990 年年底开始进行股票的上市发行交易。在 20 多年的建设和发展过程中，中国资本市场进行了一系列重大改革。自 1992 年邓小平同志南方谈话后，股份制成为国有企业改革的方向，更多的国有企业实行股份制改造并开始在资本市场发行上市。1993 年，股票发行试点正式由上海、深圳推广至全国，打开了资本市场进一步发展的空间。2001 年 6 月代办股份转让系统正式启用，2004 年 5 月深圳证券交易所在主板市场内设立中小企业板块，2009 年 10 月深交所设立创业板，都为扶持中小企业尤其是高成长性企业的快速发展创造了有利条件，并为风险投资和创投企业建立了正常的退出机制。从主板、中小板、创业板到新三板，我国已经初步建立了以沪深股市为代表的多层次的资本市场体系。

制度上的建设与创新也为资本市场的发展奠定了基础。2004 年 1 月国

务院发布了《关于推进资本市场改革开放和稳定发展的若干意见》。此后，中国资本市场进行了一系列改革来完善各项基础性制度，主要包括实施股权分置改革、提高上市公司质量、对证券公司综合治理、大力发展机构投资者、改革发行制度等。经过这些改革，投资者的信心得到恢复，资本市场出现转折性变化。2006 年以后，《证券法》和《公司法》的修订，使中国资本市场在法制化建设方面迈出了重要的步伐，以股权分置改革为代表的一系列基础性制度建设使资本市场的运行更加符合市场化规律。2014 年 5 月 8 日《国务院关于进一步促进资本市场健康发展的若干意见》（即新国九条）明确给出了一张改革时间表——到 2020 年形成结构合理、功能完善、规范透明、稳健高效、开放包容的多层次资本市场体系。

（二）我国已经形成较为完善的、多层次、门类齐全的资本市场

截至 2014 年 2 月 20 日，沪、深两市共有上市公司 2 537 家，其中沪市 959 家，深市主板 480 家，中小企业板上市公司 719 家，创业板 379 家，总市值达 25.17 万亿元，排队等待上市的公司近 700 家（见表 3—8）。而目前，纽约证券交易所上市公司 3 200 余家，纳斯达克上市公司2 800余家，东京证券交易所上市公司 3 416 家，与之相比，我国的上市公司数量还略有不足，但差距正在逐步缩小。

根据我们获得的数据统计，沪深两市的上市公司已经涵盖了我国 2011 年发布的《国民经济行业分类》全部 19 个门类中的 18 个（除非营利的公共管理和社会组织），以及全球行业分类系统（GICS）[①] 全部 10 个经

① 全球行业分类系统（GICS）是由标准普尔（S&P）与摩根士丹利公司（MSCI）于 1999 年 8 月联手推出的行业分类系统。该标准为全球金融业提供了一个全面的、全球统一的经济板块和行业定义。GICS 已经在世界范围内得到广泛的认可。

济部门中的 10 个，24 个行业组中的 24 个，67 个行业中的 62 个和 147 个子行业中的 127 个。

表 3—8

序号	子行业名称	上市公司数量	序号	子行业名称	上市公司数量
1	百货商店	45	31	服装、服饰与奢侈品	41
2	办公服务与用品	2	32	服装零售	1
3	半导体产品	29	33	复合型公用事业	13
4	半导体设备	3	34	钢铁	46
5	包装食品与肉类	67	35	个人用品	3
6	保健护理服务	1	36	工业机械	159
7	保健护理机构	2	37	工业集团企业	19
8	餐馆	3	38	工业气体	1
9	出版	13	39	公路与铁路	20
10	大卖场与超市	12	40	广告	5
11	电力公用事业	44	41	贵重金属与矿石	2
12	电脑存储与外围设备	7	42	海港与服务	17
13	电脑硬件	7	43	海运	15
14	电脑与电子产品零售	5	44	航空公司	5
15	电气部件与设备	95	45	航空货运与物流	12
16	电影与娱乐	6	46	航天航空与国防	18
17	电子设备和仪器	65	47	互联网软件与服务	17
18	电子元件	81	48	化肥与农用药剂	39
19	电子制造服务	4	49	环境与设施服务	14
20	独立电力生产商与能源贸易商	5	50	黄金	7
21	多领域控股	2	51	机场服务	5
22	多样化房地产活动	1	52	机动车零配件与设备	61
23	多元化保险	4	53	技术产品经销商	4
24	多种化学制品	7	54	家庭娱乐软件	1
25	多种金属与采矿	71	55	家庭装潢零售	2
26	房地产服务	2	56	家庭装饰品	7
27	房地产经营公司	8	57	家用电器	32
28	房地产开发	135	58	家用器具与特殊消费品	12
29	纺织品	48	59	建筑、农用机械与重型卡车	47
30	非传统电信运营商	2	60	建筑材料	41

续前表

序号	子行业名称	上市公司数量	序号	子行业名称	上市公司数量
61	建筑产品	32	95	食品分销商	2
62	建筑与工程	47	96	数据处理与外包服务	6
63	教育服务	2	97	水公用事业	16
64	金属与玻璃容器	14	98	特种化学制品	38
65	经销商	12	99	调查和咨询服务	4
66	酒店、度假村与豪华游轮	29	100	铁路	3
67	居家用品	5	101	通信设备	57
68	林业产品	12	102	投资银行业与经纪业	19
69	陆运	10	103	无线电信业务	1
70	轮胎与橡胶	14	104	系统软件	4
71	铝	17	105	消费电子产品	17
72	贸易公司与经销商	34	106	消费信贷	1
73	煤与消费用燃料	42	107	休闲设施	2
74	摩托车制造商	6	108	消闲用品	15
75	酿酒商与葡萄酒商	22	109	鞋类	3
76	农产品	33	110	信息科技咨询与其他服务	44
77	啤酒酿造商	8	111	药品零售	15
78	其他综合性金融服务	1	112	医疗保健设备	13
79	汽车零售	8	113	医疗保健用品	5
80	汽车制造商	20	114	应用软件	44
81	区域性银行	3	115	有线和卫星电视	7
82	燃气公用事业	2	116	纸材料包装	7
83	人寿与健康保险	1	117	纸制品	22
84	肉类、禽类与鱼类	2	118	制药	126
85	软饮料	2	119	重型电气设备	22
86	商品化工	139	120	住宅建筑	2
87	商业印刷	8	121	专卖店	1
88	摄影产品	3	122	资产管理与托管银行	2
89	生命科学工具和服务	1	123	综合电信业务	1
90	生物科技	20	124	综合货品商店	1
91	石油天然气设备与服务	15	125	综合性石油与天然气企业	4
92	石油与天然气的储存和运输	1	126	综合性银行	13
93	石油与天然气的勘探与生产	2	127	综合支持服务	3
94	石油与天然气的炼制和营销	8		总计	2 537

截至2014年2月，新三板挂牌企业共计649家，按证监会的行业分类标准，649家挂牌企业中，属于制造业的324家，属于信息传输、软件和信息技术服务业216家，具体分类见表3—9。

表3—9

行业	家数	比例（%）
制造业	324	49.92
信息传输、软件和信息技术服务业	216	33.28
科学研究和技术服务业	19	2.93
农、林、牧、渔业	16	2.47
文化、体育和娱乐业	14	2.16
建筑业	14	2.16
租赁和商务服务业	8	1.23
采矿业	8	1.23
卫生和社会工作	8	1.23
水利、环境和公共设施管理业	7	1.08
交通运输、仓储和邮政业	4	0.62
电力、热力、燃气及水生产和供应业	3	0.46
综合	2	0.31
教育	2	0.31
金融业	2	0.31
居民服务、修理和其他服务业	1	0.15
批发和零售业	1	0.15
合计	649	100.00

由以上统计数据可以看出，现阶段我国的上市公司几乎涵盖所有行业（非营利组织除外），即便是以较为详细的分类（全球行业分类系统），我国的上市公司也已经涵盖了86%以上的经济领域。因此可以说我国资本市场上市公司数目的不断增加，为我们应用可比公司法、搜索不同行业上市公司的行业信息和财务数据等创造了基础条件。

需要指出，并购重组是两个以上公司合并、组建新公司或相互参股。它往往同广义的兼并和收购是同一意义，泛指在市场机制作用下，企业为了获得其他企业的控制权而进行的产权交易活动，并购重组是产业整合、资源优化配置的重要手段。事实上在我国现阶段全部并购重组项目都可以找到相近、相似的可比公司来进行参考估值。但类似公共管理类的组织的交易，无法找到类似的可比公司进行估值，很显然，这类组织也不适用于以市场化的方法进行估值，当然就不适于并购重组。

三、金融信息服务提供商的专业服务，为可比公司法的应用提供了便利

毋庸置疑，市场途径估值方法的应用是以大量的金融、财务数据为前提和基础的。可比公司法作为市场途径评估的一种重要的方法，其广泛应用需要资本市场具备相应的条件，其中，充分的信息披露是核心和关键。如前所述，沪深两市上市公司数量已达到 2 500 多家，行业板块较为齐全。我国资本市场经过 20 多年的发展，上市公司治理逐步规范，信息披露也日渐充分，金融数据服务提供商大量涌现，丰富了数据资源，在客观上为可比公司法的应用提供了条件。

准确、便捷地应用可比公司法需要借助金融信息服务商搜集上市公司的基本情况、财务数据及衍生数据等，诸如股本、带息负债、非经常性损益、非控制性权益、EBITDA、营业收入、市盈率等。国际金融信息服务行业市场规模大且发展迅速，汤森路透、彭博、道琼斯、Capital IQ、Factset 等是国际上具有影响力的财经资讯服务提供商和金融数据提供商。

国内的同花顺、万得资讯、大智慧、投中集团的CVSource、清科研究中心等金融数据服务提供商也在不断提高服务水平。这些企业提供的金融资讯数据平台能够为应用可比公司法进行估值定价提供市场化、智能化以及专业化的服务。

下面本书将以同花顺iFinD软件为例，结合可比公司法估值思路，详细介绍如何运用金融资讯数据平台进行可比公司法估值定价。

同花顺成立于1995年，是我国金融数据服务行业首家上市公司，iFinD软件是同花顺于2010年推出的在线实时金融信息终端，专注于整合与资本市场密切相关的信息资源，包含宏观经济、行业经济、公司经营、估值定价工具等内容，能够为审计、资产评估、资信评级等中介机构提供全面、准确的数据资源以及专业、完善的动态情报。在可比公司法的研究中，通过iFinD软件可以获取估值定价所需的各类信息，包括上市公司经营数据、研究报告、行业经济数据等。具体可以按下列步骤操作：

第一步，对可比公司所处行业进行初步、宏观的了解。

为评估对象选择可比公司群是进行可比公司估值的基础。要搜集有类似业务及财务特征的公司，首先需要深入了解评估对象。在此基础上，再根据标的公司的业务情况，在对应板块选取可比公司。一般来说，处于同一行业（细分行业）、规模相似且业务具有相同核心特征的公司往往是良好的可比公司，这些核心特征包括行业、产品和服务、客户和终端市场、分销渠道和地理位置等。具体来说，第一步可以先阅读相关研究报告，了解评估对象所处行业的企业核心价值驱动因素。在同花顺的“新闻研报”界面中，点击“行业研究”或“公司研究”，即可在屏幕右侧看到一系列不同券商发布的研究报告，并可以根据时间、报告类别等对研究报告进行筛选查看，如图3—1和图3—2所示。

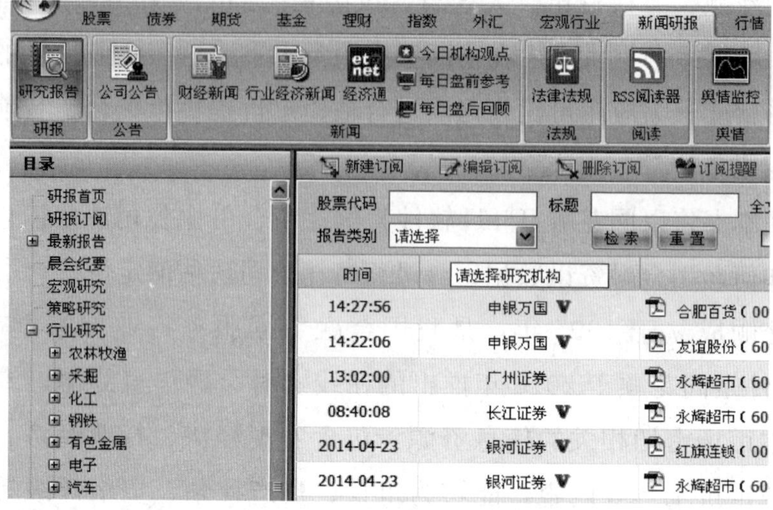

图 3—1

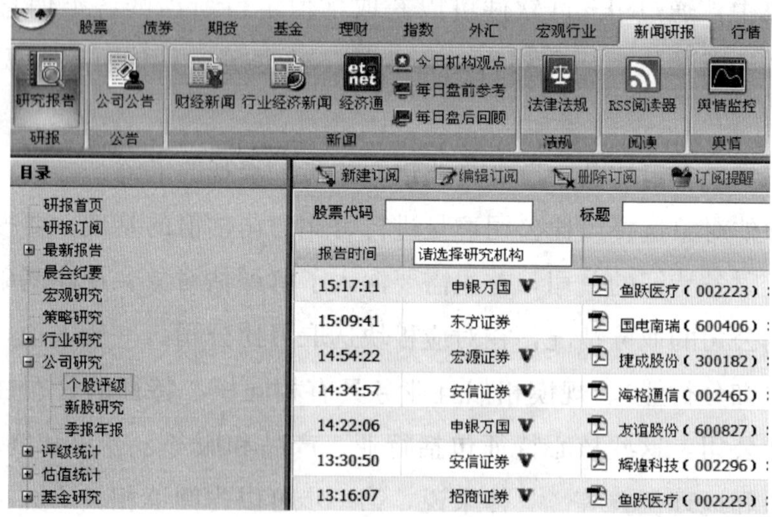

图 3—2

其次，如想查找行业经济数据，同花顺提供了农林牧渔、能源、石油化工等国民经济各行业产业链上下游详尽信息，包括产品价格、产品产量、产品进出口量、储量、库存等等。具体可通过同花顺“宏观行业”界面中的“行业经济”提取所需数据，如图 3—3 所示。

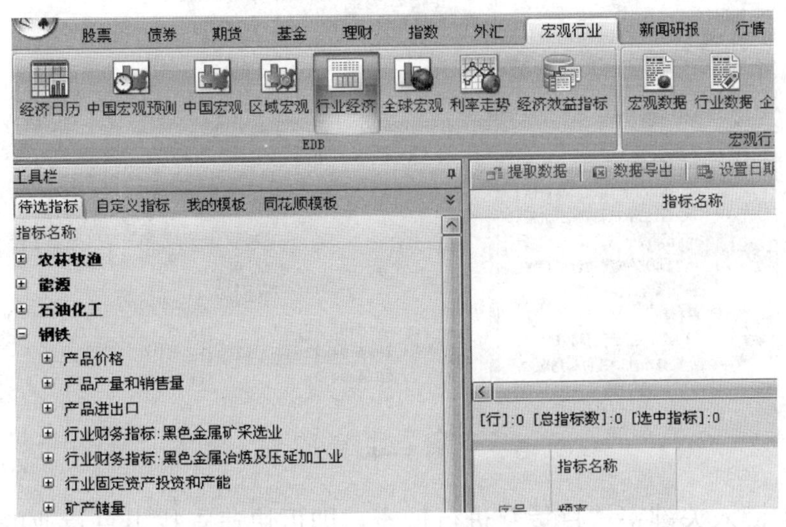

图 3—3

不同行业的经济运行数据各有其特点。以钢铁行业为例，使用同花顺金融终端提取数据可参照以下步骤：宏观行业—行业经济—钢铁，进而在左侧的工具栏选取相应的指标并双击，右边文档栏上方即会显示所选取指标的信息，直接点击提取数据，在文档栏下方会显示数据详情及图形。此外，工具栏左下角有“指标查找”字样，点击之后可以快速查找出所需行业指标，如图 3—4 所示。

第二步，对同行业可比公司进一步细分，寻找与标的公司经营范围、主营业务更为接近的上市公司。

例如，零售行业，我们发现零售行业可以再细分为百货、超市和多业态零售。根据标的企业情况，我们在零售板块中寻找以百货为主营的上市公司。

首先，利用同花顺“股票”界面中的“智能选股”功能，在“问财”

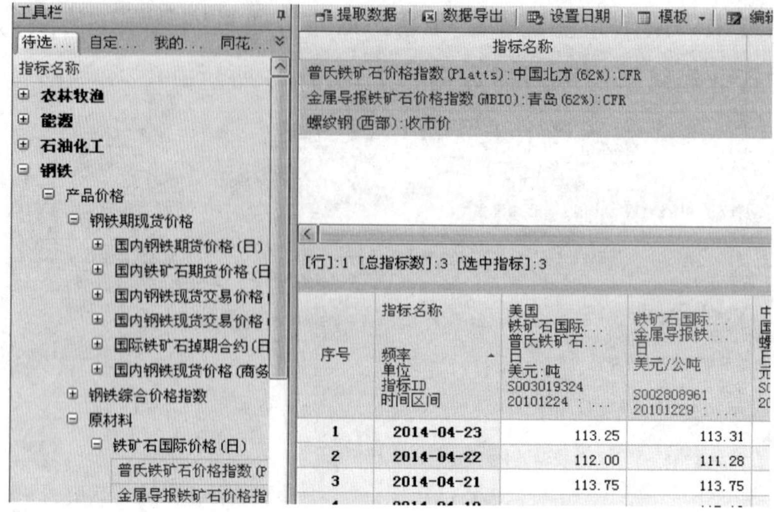

图 3—4

搜索栏中键入关键字“百货”进行搜索，即可快速查找出百货业的相关上市公司，如图 3—5 所示。

图 3—5

所找出的百货业相关上市公司如图 3—6 所示。

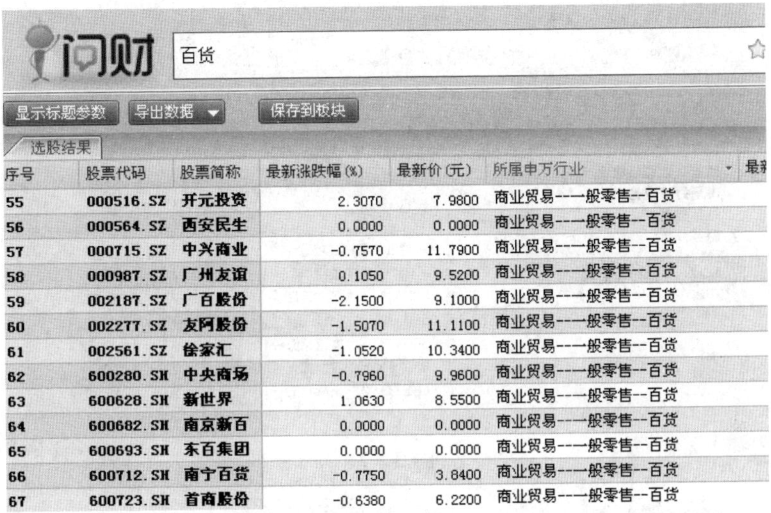

问财　百货

显示标题参数　导出数据　保存到板块

选股结果

序号	股票代码	股票简称	最新涨跌幅(%)	最新价(元)	所属申万行业
55	000516.SZ	开元投资	2.3070	7.9800	商业贸易——一般零售--百货
56	000564.SZ	西安民生	0.0000	0.0000	商业贸易——一般零售--百货
57	000715.SZ	中兴商业	-0.7570	11.7900	商业贸易——一般零售--百货
58	000987.SZ	广州友谊	0.1050	9.5200	商业贸易——一般零售--百货
59	002187.SZ	广百股份	-2.1500	9.1000	商业贸易——一般零售--百货
60	002277.SZ	友阿股份	-1.5070	11.1100	商业贸易——一般零售--百货
61	002561.SZ	徐家汇	-1.0520	10.3400	商业贸易——一般零售--百货
62	600280.SH	中央商场	-0.7960	9.9600	商业贸易——一般零售--百货
63	600628.SH	新世界	1.0630	8.5500	商业贸易——一般零售--百货
64	600682.SH	南京新百	0.0000	0.0000	商业贸易——一般零售--百货
65	600693.SH	东百集团	0.0000	0.0000	商业贸易——一般零售--百货
66	600712.SH	南宁百货	-0.7750	3.8400	商业贸易——一般零售--百货
67	600723.SH	首商股份	-0.6380	6.2200	商业贸易——一般零售--百货

图 3—6

其次，在找出百货行业的相关公司后，可利用同花顺中的“股票”界面中的“深度资料”功能，对百货业的各个公司进行深度分析，以进一步锁定可比公司范围。“深度资料”中的“公司基本资料”、“市场行情数据”、“财务数据”、“财务分析”、“盈利预测与研究报告”、“新闻公告与媒体监测”以及“行业比较”等上市公司相关数据资讯皆可以为确定可比公司范围提供多角度、多层次的参考，如图 3—7 所示。

第三步，在锁定可比公司范围后，需要提取可比公司具体的财务数据。

这一步可以在 iFinD 的“数据浏览器”界面完成。按“股票—数据浏览器—沪深数据浏览器”步骤进入“沪深数据浏览器”界面后，点击左上角“指标选择”，在上方搜索栏中键入关键字即可快速查找出所需数据，如图 3—8 所示。

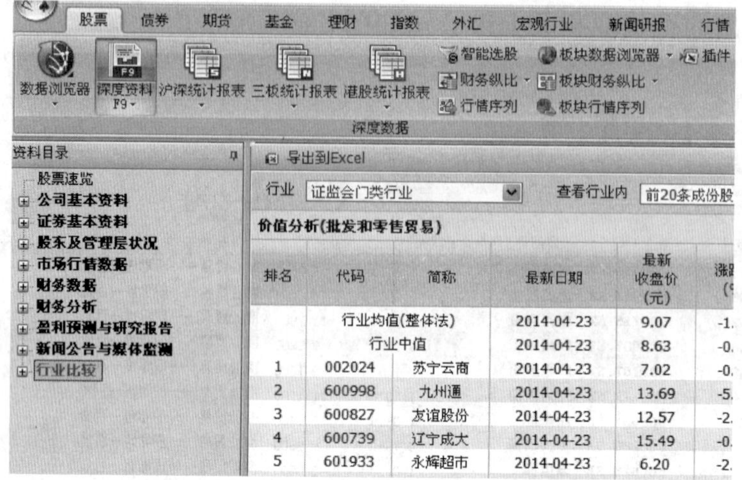

图 3—7

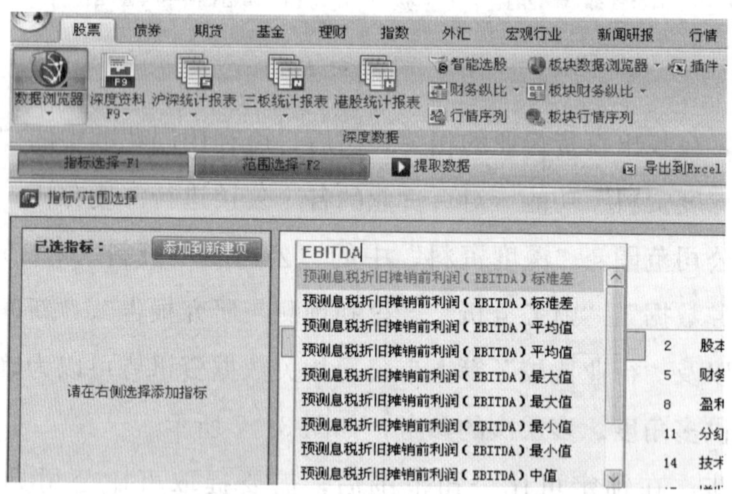

图 3—8

此外，也可以根据提示，在“全部指标”中按指标分类查找所需数据，如图 3—9 所示。

确定要提取的指标类别后，可以根据需求设置数据的提取参数条件，包括“报告期”、“报表类型”、“单位设置”等。同花顺“数据浏览器”中

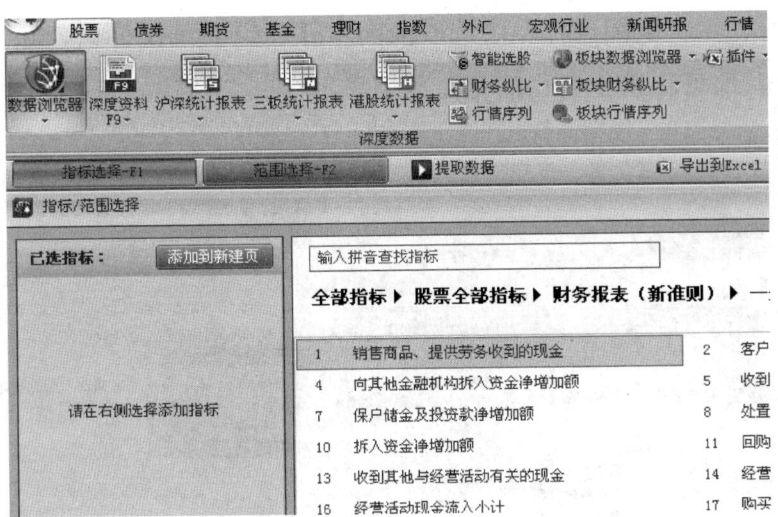

图 3—9

信息全面，能够提供可比公司法估值所需的全部财务数据和估值数据，例如，当前股价、过去 52 周最高股价、股本、剔除现金的企业价值（EV）、营业收入、EBIT、EBITDA、EPS 等，如图 3—10 所示。

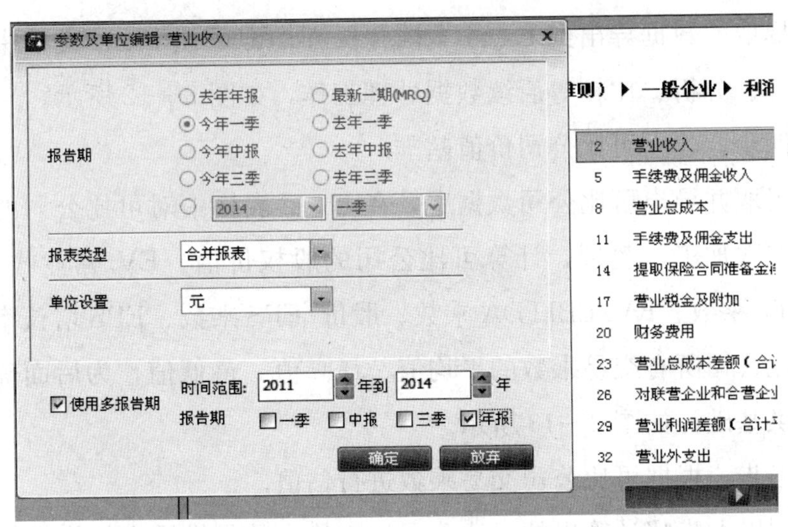

图 3—10

接着，在“范围选择”中选取前面步骤确定的可比公司，并点击“提取数据”，即可将可比公司的相关数据显示在一个新建的 sheet 表中，如图 3—11 所示。

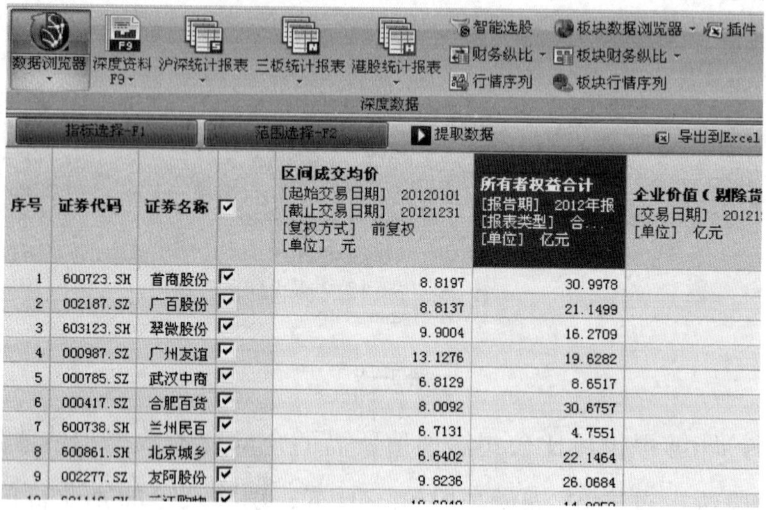

序号	证券代码	证券名称	☑	区间成交均价 [起始交易日期] 20120101 [截止交易日期] 20121231 [复权方式] 前复权 [单位] 元	所有者权益合计 [报告期] 2012年报 [报表类型] 合… [单位] 亿元	企业价值（剔除货 [交易日期] 20121: [单位] 亿元
1	600723.SH	首商股份	☑	8.8197	30.9978	
2	002187.SZ	广百股份	☑	8.8137	21.1499	
3	603123.SH	翠微股份	☑	9.9004	16.2709	
4	000987.SZ	广州友谊	☑	13.1276	19.6282	
5	000785.SZ	武汉中商	☑	6.8129	8.6517	
6	000417.SZ	合肥百货	☑	8.0092	30.6757	
7	600738.SH	兰州民百	☑	6.7131	4.7551	
8	600861.SH	北京城乡	☑	6.6402	22.1464	
9	002277.SZ	友阿股份	☑	9.8236	26.0684	

图 3—11

将提取的数据导出到 Excel 文档并保存，即可在 Excel 文档中进行筛选、计算、分析、比较等后续数据处理工作，如图 3—12 所示。

第四步，建立可比公司价值基准。

在提取并导出可比公司数据后，在 Excel 表格中对可比公司的各项数据进行二次加工、整理，计算可比公司的股权价值、EV/营业收入乘数、EV/EBIT 乘数、EV/EBITDA 乘数、股价/EPS 乘数、EPS 增长率等，并计算可比公司所有交易乘数的平均值、最高值、最低值，为后面确定估值范围提供基础，如图 3—13 所示。

第五步，根据可比公司交易乘数进行估值。

利用以上步骤计算出的可比公司的交易乘数是推导出估值对象价值范

证券代码	证券名称	区间成交均价 [起始交易日期] 20120101 [截止交易日期] 20121231 [复权方式] 前复权 [单位]元	所有者权益合计 [报告期] 2012年报 [报表类型] 合并报表 [单位] 亿元	企业价值（剔除货币资金）（EV2）[交易日期] 20121231 [单位] 亿元	营业收入 [报告期] 2010年报 [报表类型] 合并报表 [单位] 亿元	营业收入 [报告期] 2011年报 [报表类型] 合并报表 [单位] 亿元	营业收入 [报告期] 2012年报 [报表类型] 合并报表 [单位] 亿元	息税折旧摊销前利润EBITDA [报告期] 2010年报 [单位] 十亿元	息税折旧摊销前利润EBITDA [报告期] 2011年报 [单位] 亿元	息税折旧摊销前利润EBITDA [报告期] 2012年报 [单位] 亿元
600723.SH	首商股份	7.7609	30.9978	8.3009	29.9286	116.8802	122.2543	0.1555	7.7125	8.1505
002187.SZ	广百股份	8.1722	21.1499	10.6833	58.2485	71.8451	73.4947	0.3344	3.9972	3.8504
603123.SH	翠微股份	9.1911	16.2709	15.9832	38.5342	48.0339	49.4787	0.2173	3.1539	3.9319
000987.SZ	广州友谊	11.2709	19.6282	14.6986	35.8574	44.5847	44.6054	0.5182	5.7592	6.0273
000785.SZ	武汉中商	6.4508	8.6517	15.1445	37.0380	41.0366	41.9967	0.2733	2.9201	2.6558
000417.SZ	合肥百货	6.8733	30.6757	24.1163	70.6170	85.5148	91.0550	0.5649	8.5175	6.9930
600738.SH	兰州民百	6.4745	4.7551	10.9043	9.2090	11.8818	13.2006	0.1071	1.1783	1.3458
600861.SH	北京城乡	6.6925	22.1464	15.4554	17.8981	20.5182	22.4965	0.1403	1.6577	1.9230
601116.SH	三江购物	10.1757	14.9959	24.6891	48.2368	51.1691	51.2345	0.2297	2.4309	2.6801
600785.SH	新华百货	14.0367	15.6284	25.9841	39.8504	52.9139	59.9983	0.3280	3.7732	3.8451
600693.SH	东百集团	7.3183	11.0664	20.9479	18.9240	21.3472	20.6853	0.2202	4.9983	1.5766
002277.SZ	友阿股份	10.6699	26.0684	35.0366	35.6346	47.4108	57.1659	0.3771	5.1827	6.4339
002561.SZ	徐家汇	10.2617	16.8109	28.9835	20.4472	21.8757	20.9458	0.3633	3.9467	3.6521
002419.SZ	天虹商场	11.8395	39.6877	36.7259	101.7436	130.3564	143.7701	0.8274	10.2032	9.9996

图 3—12

H11　=AVERAGE(H4:H10)

					企业价值/						
证券代码	证券名称	区间成交均价	所有者权益合计	企业价值（剔除货币资金）（EV2）	2010营业收入	2011营业收入	2012营业收入	2010年EBITDA	2011年EBITDA	2012年EBITDA	2010年EBIT
600723.SH	首商股份	9.19	312,007.57	94,443.66	0.32	0.08	0.08	6.07	1.22	1.16	13.90
002187.SZ	广百股份	10.19	214,701.15	98,249.54	0.17	0.14	0.13	2.94	2.46	2.55	4.32
603123.SH	翠微股份	10.21	166,000.54	108,669.73	0.28	0.23	0.22	5.00	3.45	2.76	7.73
000987.SZ	广州友谊	14.07	195,056.81	113,230.76	0.32	0.25	0.25	2.19	1.97	1.88	2.78
000785.SZ	武汉中商	6.81	91,000.35	123,490.82	0.33	0.30	0.29	4.52	4.23	4.65	8.18
000417.SZ	合肥百货	10.21	324,031.66	126,149.33	0.18	0.15	0.14	2.23	1.48	1.80	2.70
600738.SH	兰州民百	6.83	98,405.21	134,554.11	1.46	1.13	1.02	12.57	11.42	10.00	25.29
平均值					0.44	0.33	0.31	5.07	3.75	3.54	9.27

图 3—13

围的基础。投行专业人员在实际应用中通常以相关交易乘数（例如，EV/营业收入、EV/EBIT、EV/EBITDA）的均值和中位数作为基础推算评估标的价值的初始范围。可比公司群最高最低的乘数作为潜在上限和下限的参考值。

附录 3.1　利用同花顺 iFinD 插件提取可比公司财务数据

利用同花顺 iFinD 提取可比公司数据，除了可以通过前文介绍的"数据浏览器"操作外，还可以在 Excel 文档里的同花顺嵌入模块（即同花顺 iFinD 插件）中完成。

通常电脑中安装同花顺 iFinD 后，打开 Excel，在顶层菜单上将出现"同花顺 iFinD"菜单项，并且在工具栏中也会出现"登录/断开、函数搜索、历史行情、实时行情、财务报表、自助报表、其他功能、插件帮助"等功能按钮。点击"函数搜索"—"自助报表"，即可打开自助报表操作界面，其中包括"板块"、"指标"、"日期"三部分，如图 3—14 所示。

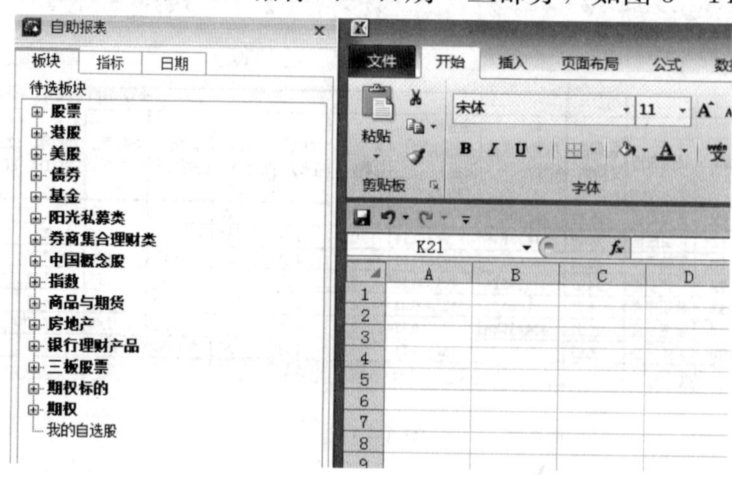

图 3—14

在“板块”栏中找出估值标的所处行业板块的所有上市公司，然后在“指标”栏中提取“报表附注”中的“主营业务构成”等数据，按主营业务排名顺序，即可筛选出该板块的所有上市公司中与估值标的业务构成最接近的公司作为可比公司群，如图 3—15 所示。

	A	B	C	D	E
1	代码	名称	主营业务	主营业务1收	主营业务1占
2	603123.S	翠微股份	百货业务	40.89	87.27%
3	600694.S	大商股份	百货业态	204.84	60.70%
4	600729.S	重庆百货	百货业态	146.98	48.60%
5	601010.S	文峰股份	百货业态	44.03	61.34%
6	000417.S	合肥百货	百货业	70.04	70.67%
7	000987.S	广州友谊	百货零售	38.27	93.51%
8	600693.S	东百集团	百货零售	18.58	91.23%
9	000501.S	鄂武商A	百货	99.25	58.93%
10	000785.S	武汉中商	商业	37.92	87.98%
11	000889.S	茂业物流	商业	19.26	91.42%

图 3—15

在锁定可比公司范围后，可以在“指标”栏中进一步提取可比公司具体的财务数据，如图 3—16 所示。

自助报表

板块 指标 日期

语言 中文 English

利润表：营业总收入、营业收入、利息收入、已赚保费、手续费及佣金收入、营业总收入差额(特殊、营业总收入差额(合计、营业总成本、营业成本、利息支出、手续费及佣金支出、退保金、赔付支出净额、提取保险合同准备金、保单红利支出

G9 22.4965

	A	B	C	D	E
1	证券代码	证券名称	区间成交均价	所有者权益合计	营业收入 2010年报
2	600723.SH	首商股份	7.76	31.00	29.93
3	002187.SZ	广百股份	8.17	21.15	58.25
4	603123.SH	翠微股份	9.19	16.27	38.53
5	000987.SZ	广州友谊	11.27	19.63	35.86
6	000785.SZ	武汉中商	6.45	8.65	37.04
7	000417.SZ	合肥百货	6.87	30.68	70.62

图 3—16

附录 3.2　利用“行情序列”模块计算可比公司的股权价值

可比公司股权价值的计算方法为股票价格乘以上市公司总股本，其中公司总股本一般为评估基准日时点公司的总股本，股票价格为基准日前一段周期内的平均价格。公司的总股本和股票价格数据除了可以从前文介绍的“数据浏览器”获取外，还可以从“行情序列”模块中获取。

按“股票—行情序列”步骤进入“行情序列”界面后，选择“均价”、“总股本”指标，选取此前确定的可比公司群，并设定好基准日期、时间周期、输出方式后，点击“导出数据”，即可将可比公司的股本数据和股价数据导出到 Excel 文档中，接着便可以在 Excel 文档中直接计算可比公司的股权价值，如图 3—17 所示。

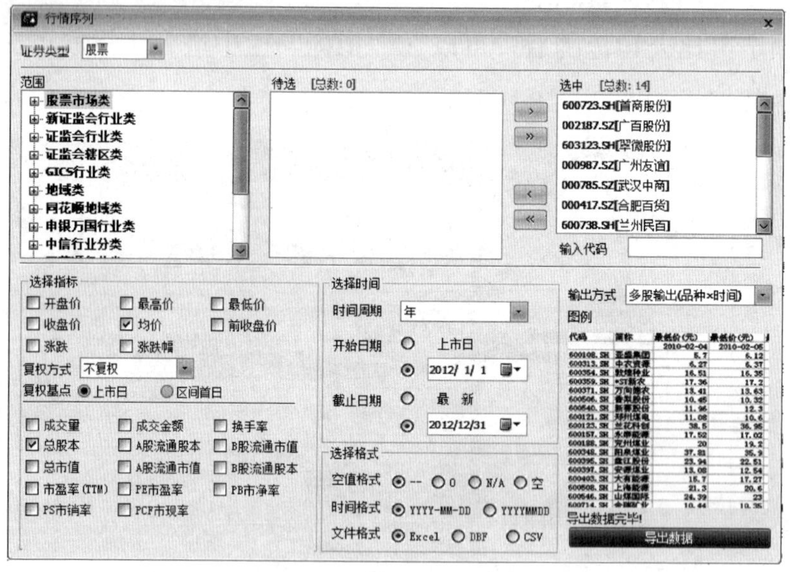

图 3—17

Excel 文档中可比公司的股权价值计算如图 3—18 所示。

	A	B	C	D	E
1	代码	简称	区间均价(元)	总股本(股)	股权价值(亿元)
2	600723.SH	首商股份	8.69	658407554	57.24
3	002187.SZ	广百股份	9.66	342422568	33.09
4	603123.SH	翠微股份	9.30	308000000	28.64
5	000987.SZ	广州友谊	13.56	358958107	48.67
6	000785.SZ	武汉中商	6.75	251221698	16.96
7	000417.SZ	合肥百货	10.89	779884200	84.96
8	600738.SH	兰州民百	6.19	262776257	16.26
9	600861.SH	北京城乡	6.70	316804949	21.24
10	601116.SH	三江购物	10.46	410758800	42.97
11	600785.SH	新华百货	17.78	207431280	36.88

图 3—18

附录 3.3　利用“Evaluator”模块建立可比公司价值基准表

如前文所述，可以通过同花顺“数据浏览器”提取所需财务数据，并在将数据导出到 Excel 文档后，逐步建立可比公司价值基准。除这种方法外，还可以通过同花顺 iFinD 中的“Evaluator”模块直接建立可比公司价值基准，如图 3—19 和图 3—20 所示。

图 3—19

财务预测与估值模型(Evaluator)试用版

使用帮助

证券代码	600723.SH	证券简称	首商股份
预测分析日期(YYYY-MM-DD)	2012-12-31	最新价	6.260
历史数据年数（年）	4	最新股本（股）	658,407,554.00
预测年数（年）	3	首发上市日期	1996-07-16
最近年报是否公布	是	分析师	
报表类型	合并报表	机构名称	
报告类型	年报	联系电话	
货币单位	百万元	E-mail	

继续计算　开始计算

适用范围：
本模型只适用于一般企业（非金融）上市公司。

重要说明：
本模型由同花顺设计和开发，贵公司作为我方授权客户，需承诺绝不向第三方提供。

图 3—20

点击“Evaluator”后，会出现一个 Excel 文档，将该文档另存为运行宏的文件。这一 Excel 文档包含很多 sheet，分别是各方面的财务分析模板，包括 Financing，Sensitivity，Analysis，Eva，Comps 等，其中“Comps”是可比公司估值模板，如图 3—21 所示。

Contents

公司对比　　**单位：百万元**

证券代码	证券简称	同花顺行业	预测日期	行业类别
600723.SH	首商股份	商业贸易	2012-12-31	自定义行业

纳入剔除	代码	简称	最新价	52周最高价	52周最
全部反选	同行业成分股	算术平均			
		中位			
		整体法			
		市值加权平均			
☑	000416.SZ	民生控股	5.51	8.11	
☑	000417.SZ	合肥百货	6.99	17.11	
☑	000419.SZ	通程控股	4.47	7.38	
☑	000501.SZ	鄂武商A	11.50	17.70	
☑	000516.SZ	开元投资	4.36	5.76	
☑	000564.SZ	西安民生	4.73	6.38	
☑	000715.SZ	中兴商业	6.34	9.04	
☑	000759.SZ	中百集团	6.58	9.76	
☑	000785.SZ	武汉中商	6.07	8.08	
☑	000987.SZ	广州友谊	11.68	18.21	
☑	002187.SZ	广百股份	7.48	13.79	

图 3—21

这个模板类似于我们前面可比公司法第四步建立的“可比公司价值基准表”，直接给出了所选可比上市公司的相关数据。

第四章

国内应用可比公司法改进创新研究

尽管华尔街投行界广泛应用可比公司法，但鉴于我国资本市场的发育程度，我们认为，在并购重组中要广泛应用可比公司法还有很多问题需要研究，比如，如何选择可比公司法、如何计算可比公司股权价值、是否对非经常性损益作出调整、如何形成价值区间、是否考虑流动性折扣和控股权溢价，等等。对此，本章试图作出一些探讨，供并购重组各方研究参考。

一、关于可比公司的选取

为评估对象选择可比公司是运用可比公司法估值的基础，应该从概念到内容明确选择标准。这里讲的可比公司，不是一般意义上的简单对比，应在业务、收入规模、主要业绩驱动因素、财务状况等各个方面均与标的公司具有相对可比性。随着证券市场信息披露的日臻完善，以及金融数据服务商的数据准确性、完整性、及时性的不断提高，评估估值人员可以通过提取同行业公司财务业务数据，与标的公司对比，圈定可比公司范围。这里需要指出的是，仅仅依据金融服务商提供的数据进行筛选是远远不够的，评估估值专业人员应在此基础上，深入研究标的企业的特性，抓住核心特征，并对初选的可比公司精挑细选，直到挑选出来的公司确实与标的企业在各个方面都具有高度相似性。根据我国资本市场目前的发展状况及国内金融数据服务商的能力，建议通过如下步骤进行可比公司的挑选。

（一）找出标的业绩的主要驱动因素

挑选可比公司，首先要对交易标的的主营业务及产品、收入规模、主要业绩驱动因素、财务情况进行研究，总结交易标的数据变化的原因，找出标的业绩的主要驱动因素，这一步可以通过金融数据服务商提供。对标的公司财务指标的分析一般可以采用杜邦分析法，通过对盈利能力、偿债能力、营运能力等方面的考核获得对标的公司财务状况和经营成果的认识。此外，每个行业都有细分行业，同行业的公司其主营业务和产品也可能千差万别，因此，还需要对标的公司的主营业务进行深入分析，如表4—1所示。

表 4—1　　某标的公司主营业务分析　　单位：万元

项目	2012 年		2011 年	
	金额	占比（%）	金额	占比（%）
互联网页面游戏	14 707.12	96.72	8 085.22	96.71
移动终端游戏	132.95	0.87	—	—
其他	365.24	2.41	275.21	3.29
主营业务收入	15 205.31	100.00	8 360.43	100.00

从表 4—1 可以看出，标的公司近两年互联网游戏业务占营业收入的 95%以上，由此可以判断标的公司的主营业务是互联网页面游戏。在选取同行业上市公司时，泛泛选取高科技板块上市公司是不可行的，应努力寻找主营业务与标的公司基本一致的上市公司。这一步同样可以通过同花顺 iFinD 或 Wind 等金融服务商的数据库查询数据。

（二）搜集可比公司相关数据

通过金融数据服务商对同行业上市公司数据进行提取，通过比较财务数据，选取在规模、盈利能力、营运能力等方面与标的公司接近的企业。同时应关注同行业的研究报告，对行业进行细分，筛选在细分行业中规模、盈利能力和营运能力与标的公司都相似的企业。此外，应从金融数据服务商处提取可比公司基准日的财务指标，进行对比分析。同时，还应考虑所选定的可比公司最近 52 周内的股价波动情况。通过对基准日之前一个月成交均价与基准日前 52 周成交均价进行比较的方法，确定在行业内估值处于平均水平的公司。这种做法是为了剔除股价异常的可比公司，股价的异常波动会影响可比公司的股权价值，进而影响标的公司的估值。所谓明显异常的指标是指评估基准日股价与最近 52 周最高价的比值。如果该比值与同行业其他公司显著脱节，通常意味着单个公司出现极端问题，如管理、运营或特定事件发生，导致该公司股价异常波动，进而不能作为可比公司进行比较。基于此，在采用评估基准日计算股权价值的方法时，所有可比公司均选用基准日的股价，并与其 52 周最高价进行比较，剔除可比公司群中明显偏高或偏低的异常公司，如表 4—2 所示。

表 4—2　　可比公司 52 周最高价进行比较

证券代码	证券名称	基本情况			市场行情		
		首发上市日期	2012 年净资产（万元）	2012 年营业收入(万元)	收盘价(元/股)	52 周最高价(元/股)	占比（%）
002261.SZ	拓维信息	2008/7/23	86 667.14	43 279.65	8.00	23.20	34.48
002292.SZ	奥飞动漫	2009/9/10	157 997.79	129 116.49	18.89	29.40	64.25
002148.SZ	北纬通信	2007/8/10	49 693.81	22 514.79	12.97	24.49	52.96
300315.SZ	掌趣科技	2012/5/11	88 189.96	22 536.30	22.86	27.75	82.38
600880.SH	博瑞传播	1995/11/15	257 836.47	134 980.08	9.64	13.31	72.43
300052.SZ	中青宝	2010/2/11	91 932.57	18 498.84	11.25	15.65	71.88

分析表 4—2，我们可以看出，拓维信息与掌趣科技基准日的股价，与其 52 周最高价进行比较，分别是 34.48%和 82.38%，明显偏离了平均水平，存在异常，因此在选择可比公司时，应当剔除上述公司。

在分析可比公司时，我们应采用多种方法来验证可比上市公司的稳定性，例如除了考虑剔除最高及最低的比率分布外，还可以采用正态分布的方式计算出可比公司百分比集中情况或者利用可比公司四分位排名的方式计算出可比公司多年的排位情况，以此遴选出估值最稳定的公司作为可比公司。

二、关于股权价值的计算

在根据主营业务及财务比率等各方面因素选定可比公司群后，在计算最佳可比公司乘数之前，将需要计算可比公司的企业价值。可比公司的企业价值包括股权价值、债权价值、优先股价值①以及少数股东权益价值，

① 优先股较普通股而言，一般具有以下特点：优先股收益相对固定；优先股可以先于普通股获得股息；优先股的清偿顺序先于普通股，而次于一般债权；优先股股东参与公司决策的权利范围受到限制，对经营管理的一般事项通常没有表决权。

并扣减闲置货币资金。可比公司通常为上市公司。简单而言，计算上市公司股权价值应为正在交易的股票价格与总股本的乘积。而公司总股本一般来讲为评估基准日时点上市公司的全部流通股本。这里，需要明确的问题是：股票价格如何选取？总股本如何计算？优先股如何计算？

（一）股票价格的选取

从序时数据看，2007 年 12 月 28 日—2013 年 12 月 31 日我国股票价格指数从 6 124.04 点到 1 849.65 点波动（见表 4—3）。很明显某一时点的价格无法代表其真正的内在价值，因此在计算可比公司的股权价值时，应充分考虑评估基准日前一段周期内的平均价格。具体可从三种做法中选择：一是选用基准日前一年内可比公司的平均股价；二是选取基准日前一定时间（短周期，不超过一个月）的平均股价；三是选取基准日当天股价并加以调整。

表 4—3　　1990—2014 年上证指数波动情况

时间	开盘	最高	最低	收盘
1990 - 12 - 31	96.05	127.61	95.79	127.61
1991 - 12 - 31	127.61	292.75	104.96	292.75
1992 - 12 - 31	293.74	1 429.01	292.76	780.39
1993 - 12 - 31	784.13	1 558.95	750.46	833.80
1994 - 12 - 30	837.70	1 052.94	325.89	647.87
1995 - 12 - 29	637.72	926.41	524.43	555.29
1996 - 12 - 31	550.26	1 258.68	512.83	917.01
1997 - 12 - 31	914.06	1 510.17	870.18	1 194.10
1998 - 12 - 31	1 200.94	1 422.97	1 043.02	1 146.70
1999 - 12 - 30	1 144.88	1 756.18	1 047.83	1 366.58
2000 - 12 - 29	1 368.69	2 125.72	1 361.21	2 073.47
2001 - 12 - 31	2 077.07	2 245.43	1 514.86	1 645.97
2002 - 12 - 31	1 643.48	1 748.89	1 339.20	1 357.65

续前表

时间	开盘	最高	最低	收盘
2003-12-31	1 347.43	1 649.60	1 307.40	1 497.04
2004-12-31	1 492.72	1 783.01	1 259.43	1 266.50
2005-12-30	1 260.78	1 328.53	998.23	1 161.06
2006-12-29	1 163.88	2 698.90	1 161.91	2 675.47
2007-12-28	2 728.19	6 124.04	2 541.52	5 261.56
2008-12-31	5 265.00	5 522.78	1 664.93	1 820.81
2009-12-31	1 849.02	3 478.01	1 844.09	3 277.14
2010-12-31	3 289.75	3 306.75	2 319.74	2 808.08
2011-12-30	2 825.33	3 067.46	2 134.02	2 199.42
2012-12-31	2 212.00	2 478.38	1 949.46	2 269.13
2013-12-31	2 289.51	2 444.80	1 849.65	2 115.98
2014-05-16	2 112.13	2 177.98	1 974.38	2 026.50

资料来源：同花顺 iFinD。

1. 选取基准日前一年的平均股价

为了剔除股价波动对股权价值的影响，应选用一定时间周期的平均股价计算企业股权价值。这里选用一年内的平均股价，主要是根据相关研究①，在 250～500 个交易日内的股价平均值的标准差达到一个稳定水平，且个股均值与市场均值的相关性增强，均值走势更接近大市的走势。

同时我们认为，股票平均价格应是一年内的平均收盘价，即交易额与交易量之比：

$$股票均价=\frac{一年内该股票总交易额}{一年内该股票总交易量}$$

2. 选取基准日前一个月的平均股价

对于时间周期的选择，另一种意见是，股价的波动是资本市场的本质，反映了市场的认同，选择时间周期仅需排除特定事件对股价的影响。因此时间周期不应超过 1 个月，过长的周期反而不能准确反映基准日的资

① 参见程凤朝、刘家鹏：《上市公司并购重组定价问题研究》，载《会计研究》，2011（11）。

产价值。同样，股票平均价格的计算，应为一个月内的平均收盘价：

$$股票均价 = \frac{一个月内该股票总交易额}{一个月内该股票总交易量}$$

3. 选取基准日当天股价并加以调整

目前，我国评估行业在应用市场法计算股权价值时，一般都采用评估基准日当天的股价乘以总股本。这种做法主要是基于评估时点的考虑，认为评估基准日当天股价是客观事实，即便有偏离也是市场对该公司的敏感反应，体现了该公司的本质。

综上所述，三种方法都具有一定的道理，我们倾向于第一种方法。当然，也可以使用其他方式来确定可比公司的企业价值，但请读者注意，在使用时应在评估说明内说明选择该方法的理由。

（二）关于总股本的计算

在资本市场不活跃时，总股本应为该公司的全部股份。在股权分置改革后，由于并购重组加快推进以及股权激励、债务工具综合运用，总股本的计算变得复杂多样。我们认为至少要考虑以下因素：

1. 股权分置改革后股本的计算，限售股和非限售股的因素

在 2005 年开始股权分置改革后，上市公司的股本结构出现了限售流通股和非限售流通股之分，在计算可比公司的企业价值时也会遇到相关问题。按照股改时的协议规定，由于进行股改而形成的限售股基本都已经解禁上市流通，因此在现在的上市公司的股本结构中，极为少见。考虑到因股改而形成的限售股未来上市流通已经成为定局，而且在考虑上市公司的企业价值计算时，我们通常关注的是企业一段时期的股价表现，所以在计算股本时，可视同为非受限股计算总股本。

2. 并购重组被锁定的股本如何计算

在上市公司进行并购重组时，经常会遇到新发行的股份受到锁定期的限制，例如新增发的股份在 12 个月至 36 个月内禁止上市流通。由于一般情况下，上市公司的并购重组会对股价产生影响，因此该上市公司很有可能不适合作为可比公司。如果评估估值人员认为该上市公司已经不受并购重组的影响，当前的股价反映了企业的价值情况，该上市公司可以作为可比公司，在计算股本时，可以将全部股份（含限售股和非限售股）视同流通股份。因为我们在考虑计算可比公司价值的时候，采用的股价反映了可比公司一段时间内的价值情况，所以在长周期内，限售期的影响基本可以忽略。

3. 股权激励的计算

股权激励也是股票期权，是向雇员提供的一种形式的非现金补偿。他们提供在给定的时间内按固定价格（“行权价”）购买公司的普通股股份的权利。员工股票期权受制于行权期，按照一个时间表限制能够行权的股份数量。当期权到期时（可行权）它们可以被转换成普通股。如果一个期权处在“实值”状态，即标的公司的股价超过了期权的执行价，那么公司实值期权代表的股份增量，可以通过库藏股票法（TSM）计算。所谓库藏股票法假设所有批次的实值期权在其加权平均执行价格被行权，同时期权获得的收益被用来以当前股价回购该公司流通股份。实值期权是那些行权价格低于目前标的公司股票市场价格的期权。因为行权价格低于目前市场价格，所以回购的股份数少于期权行权产生的额外股份数。这导致了股票的净发行，即稀释。

假定于评估基准日某公司有 1 亿股，员工持有 500 万股期权（为实值期权），对于这 500 万股实值期权，未来的行权价 18.00 元低于评估基准日的股价 20.00 元。这意味着，期权持有人有权利在将来以每股 18.00 元的价格购买该公司的股份，并在 20.00 元的价位上出售，从而实现了每股 2.00 元差价。TSM 法假设于评估基准日公司收到的潜在收益 18.00 元，

用于回购目前股价为 20.00 元的股份。因此，回购股份数量占期权的 90%（=18.00 元/20.00 元），或总共 450 万股（=90%×500 万）。要计算净增股份，用期权的 500 万股减去回购的 450 万股，即 50 万股。因此，在评估基准日新发行的股份加入到公司的基本流通股后得到完全稀释流通股份 1 亿零 50 万股。

4. 可转债（可换股及股票挂钩证券）

在外流通的可转债和权益也应在计算完全稀释流通股份时加以考虑。可换股证券及股票挂钩证券补充了传统的债务和股权之间的差距，具有两面性特点。它们包括范围广泛的金融工具，如传统的现金支付的可换股债券、可转债混合债券、永久可转换优先股以及强制性可转换债券等。为了进行可比公司估值，计算完全稀释流通股份的标准做法是，首先确定公司在外流通的可转债是否为实值，如前所述，实值意味着目前的股价高于转换价格。如果符合条件，现金支付的实值可转债按照“或有转换”法或者份额净值结算法转化，而不符合条件的可转债仍然被视作债务。如何对可转债进行恰当的处理，需要仔细分析该公司可转债的条款。一旦存在转换，可转债就被视作股权，并包含在公司权益的计算中。可转债代表的股权价值由转换产生的新的流通股份乘以当前股价计算得到。因此，转换后的可转债必须从该公司的总债务计算中排除。

另外，还应考虑的股本因素包括送股和配股。在计算上市公司总股本时，可以采用加权平均的总股本，权重为股本数的时间周期。例如，某上市公司总股本为 1 亿股，2013 年 10 月 1 日实施十送十送股政策，送股后总股本为 2 亿股，该公司全年平均总股本应为：

$$总股本 = 1\ 亿 \times 9/12 + 2\ 亿 \times 3/12 = 1.25\ 亿股$$

需要说明的是，在计算企业股权价值时，总股本采用全年平均总股本，则对应口径的股票价格应为未复权的股票价格。此外，现阶段在使用

金融数据服务商提供的交易数据时，我们还可以直接提取特定区间的前复权均价作为股票平均价格，因此在计算整体股权价值时，可以直接采用区间末的总股本进行测算。由于金融数据服务商所提供的复权均值数据已经考虑了送股等影响，因此与上面阐述的计算方法不矛盾。

（三）关于优先股的价值

优先股是相对于普通股而言的，主要指在利润分红及剩余财产分配的权利方面，优先于普通股。优先股是指股东不能退股，只能通过优先股的赎回条款被公司赎回，但是能获得稳定分红的股份。优先股较普通股而言，一般具有以下特点：优先股收益相对固定；优先股可以先于普通股获得股息；优先股的清偿顺序先于普通股，而次于一般债权；优先股股东参与公司决策的权利范围小，对经营管理的一般事项通常没有表决权。

2013 年 11 月 30 日公布的《国务院关于开展优先股试点的指导意见》指出，为深化金融体制改革，支持实体经济发展，决定开展优先股试点。可以预期，在上市公司中尤其是净资产收益率较高的企业很快会有一批发行优先股。因此在进行可比公司法估值的时候也存在对比公司发行优先股的可能。因此，在计算企业价值时是不可回避的问题。

根据不同的发行条款，优先股可以分为：（1）累积优先股和非累积优先股；（2）参与优先股与非参与优先股；（3）可转换优先股与不可转换优先股；（4）可收回优先股与不可收回优先股。投资者仅以股利回收作为投资手段的优先股，在计算企业价值时，优先股可不计入总股本，而是单独按照未来各期现金流入量按投资者要求的收益率贴现的现值之和来计算价值，并计入企业价值。而可转换优先股则应视其相应发行条款，来判断转换条款触发的可能性，并以此确定是否按照触发条件和转换条款确定为普通股，计入总

股本；可收回优先股是指允许发行该类股票的公司，按原来的价格再加上若干补偿金将已发生的优先股收回。当该公司认为能够以较低股利的股票来代替已发生的优先股时，就往往行使这种权利，因此在测算其价值时应当按照实际的市场条件分别计算价值，并采用孰低的方式确定估值，最后计入可比公司的企业价值，而不计入总股本参与股权价值计算。

三、关于非经常性损益调整的考虑

（一）非经常性损益的概念

所谓非经常性损益，是指与公司正常经营业务无直接关系，以及虽与正常经营业务相关，但由于其性质特殊和偶发性，影响报表使用人对公司经营业绩和盈利能力作出正常判断的各项交易和事项产生的损益。根据中国证监会《公开发行证券的公司信息披露解释性公告第 1 号——非经常性损益》（2008），非经常性损益包括以下项目：

（1）非流动性资产处置损益，包括已计提资产减值准备的冲销部分；

（2）越权审批，或无正式批准文件，或偶发性的税收返还、减免；

（3）计入当期损益的政府补助，但与公司正常经营业务密切相关，符合国家政策规定、按照一定标准定额或定量持续享受的政府补助除外；

（4）计入当期损益的对非金融企业收取的资金占用费；

（5）企业取得子公司、联营企业及合营企业的投资成本小于取得投资时应享有被投资单位可辨认净资产公允价值产生的收益；

（6）非货币性资产交换损益；

（7）委托他人投资或管理资产的损益；

(8) 因不可抗力因素，如遭受自然灾害而计提的各项资产减值准备；

(9) 债务重组损益；

(10) 企业重组费用，如安置职工的支出、整合费用等；

(11) 交易价格显失公允的交易产生的超过公允价值部分的损益；

(12) 同一控制下企业合并产生的子公司期初至合并日的当期净损益；

(13) 与公司正常经营业务无关的或有事项产生的损益；

(14) 除同公司正常经营业务相关的有效套期保值业务外，持有交易性金融资产、交易性金融负债产生的公允价值变动损益，以及处置交易性金融资产、交易性金融负债和可供出售金融资产取得的投资收益；

(15) 单独进行减值测试的应收款项减值准备转回；

(16) 对外委托贷款取得的损益；

(17) 采用公允价值模式进行后续计量的投资性房地产公允价值变动产生的损益；

(18) 根据税收、会计等法律、法规的要求对当期损益进行一次性调整对当期损益的影响；

(19) 受托经营取得的托管费收入；

(20) 除上述各项之外的其他营业外收入和支出；

(21) 其他符合非经常性损益定义的损益项目。

(二) 可比公司法运用中对非经常性损益的处理

如本书第二章所述，在采用可比公司法进行企业价值评估的实际操作过程中，采用标的公司扣除非经常性损益后的财务数据作为估值指标，因此需要对可比公司的非经常性损益进行调整。中国证监会要求注册会计师为公司招股说明书、定期报告、申请发行证券材料中的财务报告出具审计

报告或审核报告时，应对非经常性损益项目、金额和附注说明予以充分关注，并对公司披露的非经常性损益及其说明的真实性、准确性、完整性及合理性进行核实。我们可以从上市公司经审计的年度报告附注中查找非经常性损益科目的具体数据，并对可比公司净利润进行调整。

通常企业财务报告附注中会披露非经常性损益、所得税影响额以及少数股东权益影响额。非经常性损益表如表4—4所示。

表4—4　　非经常性损益明细表示例　　单位：万元

项目	本期金额	上年金额
非流动资产处置损益	4.27	5 374.84
计入当期损益的政府补助	863.54	1 699.09
债务重组损益	74.29	1 454.45
单独进行减值测试的应收款项减值准备转回	0.00	200.00
除上述各项之外的其他营业外收入和支出	58.31	124.08
其他符合非经常性损益定义的损益项目	0.00	1 232.77
小计	1 000.41	10 085.22
所得税影响额	0.00	−217.77
少数股东权益影响额（税后）	−87.56	−1 145.65
合计	912.86	8 721.80

在计算扣非后的EBIT及EBITDA时，我们的起点应为扣除非经常性损益后的净利润，加回所得税时应考虑非经常性损益表中的所得税影响额和少数股东权益影响额（税后）。计算公式为：

扣非后的EBITDA＝扣除非经常性损益后净利润＋利润表所得税
－非经常性损益表所得税影响额＋利息费用
＋折旧＋摊销

四、关于价值区间的形成

截至目前，评估界、投资银行界还没有一种方法能够精准评估持续经营企业的价值，未来企业价值总是存在一定的不确定性。同时使用收益法和可比公司法评估被收购企业价值，建议不要把评估值表述为一个绝对值，应表述为价值区间。关于可比公司法价值区间的形成，目前没有统一的做法，在此，我们尝试给出几种方法，供读者参考使用。

（一）价值区间的时间周期

我们认为，华尔街投行界广泛使用的估值区间是建立在成熟的二级市场的基础上，公司治理规范，市盈率水平基本稳定，股价波动能够反映企业价值的基本面。而我国股票市场波动存在较多的非理性因素，因此不能照抄照搬华尔街的做法，需要一定的改进创新。应用可比公司法在理论上应运用最近 12 个月和未来 2 年数据进行估值，方能和收益法的估值结论更好地匹配。但国内的证券分析市场的建设尚不完善，可比公司未来两年预测数据缺乏共识性预测，不便搜集数据。在找不到可靠共识性预测数据的情况下，我们建议灵活地使用过去三年的数据进行计算，剔除股价异常波动对企业价值乘数的影响，使估值区间更加逼近企业价值。

（二）估值区间的形成

如前文所述，我们建议选用基准日可比公司过去三年的财务数据，计算企业价值乘数（如 EV/EBITDA），那么在计算乘数时，我们可以得到多个乘数，如过去三年的年平均乘数 EV/EBITDA、过去三年的年平均乘数 EV/EBIT、可比公司群过去三年的乘数最大值与最小值等等。下面对价值区间组成提供一些操作思路。

1. 由过去三年的年平均乘数组成价值区间

假设一个标的公司在2009年12月31日的EBITDA为4 118.45万元，EBIT为3 851.69万元，营业收入为35 256.22万元，可比公司群的乘数计算结果如表4—5所示。

表4—5　可比公司群的乘数计算结果

证券名称	EV/EBITDA			EV/EBIT			EV/营业收入		
	2007年	2008年	2009年	2007年	2008年	2009年	2007年	2008年	2009年
A	12.72	12.37	11.53	13.1	13.05	11.89	0.35	0.34	0.24
B	11.22	10.93	10.86	11.31	10.99	10.9	0.2	0.15	0.15
C	26.95	12.04	18.98	30.46	13.13	25.7	1.71	0.68	1.69
D	10.38	10.36	10.69	10.41	10.38	10.72	0.04	0.03	0.06
E	10.78	10.8	10.07	10.87	10.9	10.07	0.22	0.24	0.02
F	25.39	11.06	26.01	32.58	12.49	32.82	1.27	0.98	2.05
G	10.33	10.31	10.14	10.36	10.34	10.15	0.15	0.11	0.06
H	26.8	20.25	26.18	29.97	21.92	29.21	6.41	3.61	6.49
I	24.65	19.94	24.66	26.59	21.03	27.21	4.17	1.58	2.4
J	20.27	16.83	24.91	29.2	20.99	23.65	4.57	3.1	5.19
平均数	17.95	13.49	17.40	20.49	14.52	19.23	1.91	1.08	1.84

根据可比公司群EV/EBITDA指标，我们可以形成的价值区间为13.49x～17.95x；根据可比公司群EV/EBIT指标，可以形成的价值区间为14.52x～20.49x；根据EV/营业收入，可以形成的价值区间为1.08x～1.91x。

根据标的公司EBITDA、EBIT及营业收入，可以计算标的公司企业价值，计算结果如表4—6所示。

表4—6　标的公司企业价值

项目	EBITDA		EBIT		营业收入	
可比公司乘数区间	13.49	17.95	14.52	20.49	1.08	1.91
标的企业（万元）	4 118.45		3 851.69		35 256.22	
企业价值（万元）	55 557.89	73 926.18	55 926.54	78 921.13	38 076.72	67 339.38
合计有息债务（万元）	3 000		3 000		3 000	
权益价值（万元）	52 557.89	70 926.18	52 926.54	75 921.13	35 076.72	64 339.38

由可比公司群三个指标过去三年的平均数构成的价值区间情况如图4—1所示。

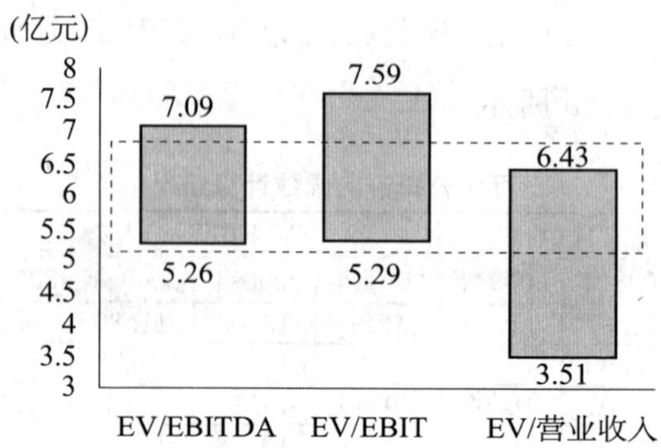

图4—1　由过去三年的平均数构成的价值区间

标的企业采用可比公司法估算得出的隐含价值区间为5.29亿元～6.43亿元。

2. 利用可比公司群乘数上四分位数[①]与下四分位数来确定最佳可比公司

无论从哪个国家的证券市场的发展来看，都始终存在着非理性投资。过分的乐观和极度的悲观，使得不同的投资者在不同的时段，对于上市公司的价值存在不同的认识，这使得上市公司的市值波动受投机性行为影响而导致与其内在价值存在较大偏差。一个成熟的市场应当是理性的投资者占主导地位，因此在选择乘数的区间时我们引入统计学里四分位的概念，通过多期的四分位数的计算，来确定相对当期市场估值稳定的上市公司作为可比公司，利用这类公司的乘数区间作为标的企业的估值区间。同时尽管在我国证券市场上已经出现了股指期货和融资融券等投资产品，但受制

① 四分位数（quartile）是一种统计描述分析方法，用于描述任何类型的数据，尤其是偏态数据的离散程度，即将全部数据从小到大排列，正好排列在下1/4位置上的数就叫做下四分位数（按照百分比，也就是25%位置上的数），也叫做第一四分位数，排在上1/4位置上的数就叫上四分位数（按照百分比，也就是75%位置上的数），也叫做第三四分位数，同样排列在中间位置的就是中位数，也叫做第二四分位数，四分位数的间距就是指上下四分位数之间的差值。

于国家的政策法规，大多数投资者还是以买卖股票差价来获利，因此上四分位值存在一定的投机因素。出于谨慎的考虑，我们参照下四分位值来选取合适的可比公司。

由表 4—7 可见，公司 F、K、L 的估值乘数较为稳定，处于整体的下四分位，因此上述公司可以选择作为可比公司。

表 4—7

公司名称	2010 年	2011 年	2012 年
A	54.04	14.01	23.93
B	32.97	29.69	33.38
C	17.87	24.24	12.55
D	25.02	19.94	19.83
E	27.85	16.64	17.42
F	17.46	16.96	16.95
G	25.95	61.11	33.17
H	27.93	38.64	13.05
I	16.60	10.40	94.93
J	61.58	14.76	34.80
K	23.19	17.09	12.69
L	25.94	16.11	15.03
下四分位（25%）	21.86	15.77	14.54
上四分位（75%）	29.19	25.60	33.23

3. 不同股价算法下的可比公司价值乘数形成价值区间

我们可以通过提取可比公司的股价均值和股价中位数，分别计算可比公司的股权价值，最后形成可比公司企业价值乘数区间。股价均值和股价中位数都是反映可比公司股价集中度的指标，可以体现可比公司所处的股价水平（见表 4—8）。因此，以此方法形成可比公司价值乘数区间较为合理。

根据公式：企业价值＝股权价值＋带息负债＋优先股价值＋少数股东权益－现金及现金等价物，计算可比公司企业价值，进而得出分别通过股价均值和股价中位数计算的可比公司交易乘数（见表 4—9）。

表 4—8　　　　通过股价均值和股价中位数计算的股权价值

证券名称	总股本(2010-12-31;万股)	总股本(2011-12-31;万股)	总股本(2013-12-31;万股)	投票均价2010年(元)	股票均价2011年(元)	股票均价2012年(元)	股价中位数2010年(元)	股价中位数2011年(元)	股价中位数2012年(元)
A	13 285.54	17 271.21	17 271.21	26.51	20.07	12.58	17.56	18.39	12.66
B	7 141.16	13 391.04	13 391.04	36.48	17.82	12.10	10.58	8.73	7.46
C	15 772.50	23 658.75	26 086.73	23.57	16.32	7.90	11.95	13.82	7.86
D	16 000.00	24 000.00	24 000.00	29.29	16.54	11.54	15.42	14.28	11.09
E	13 500.00	13 500.00	13 500.00	55.36	30.67	16.97	23.17	13.70	7.80
F	0.00	6 700.00	13 400.00	0.00	34.67	28.45	0.00	7.10	9.48
G	0.00	0.00	8 700.00	0.00	0.00	22.89	0.00	0.00	10.65
H	0.00	0.00	6 000.00	0.00	0.00	25.39	0.00	0.00	24.62

证券名称	股权价值(股价均值)2010年(万元)	股权价值(股价均值)2011年(万元)	股权价值(股价均值)2012年(万元)	股权价值(股价中位数)2010年(万元)	股权价值(股价中位数)2011年(万元)	股权价值(股价中位数)2012年(万元)
A	352 199.76	346 633.11	217 271.78	233 294.14	317 617.49	218 653.47
B	260 509.52	238 628.31	132 031.57	75 553.47	116 903.77	99 897.15
C	371 757.83	386 110.80	206 085.19	188 481.38	326 963.93	205 041.72
D	468 640.00	396 960.00	276 960.00	246 720.00	342 720.00	266 160.00
E	747 360.00	414 045.00	229 095.00	312 795.00	184 950.00	105 300.00
F	0.00	232 289.00	331 230.00	0.00	47 570.00	127 032.00
G	0.00	0.00	199 143.00	0.00	0.00	92 655.00
H	0.00	0.00	152 340.00	0.00	0.00	147 720.00

注:股权价值(股价均值)＝总股本×股票价格(均价)。股权价值(股价中位数)＝股本×股价中位数。

表 4—9　　通过股价均值和股价中位数计算的可比公司交易乘数　　单位：万元

证券名称	企业价值(股价均值)2010 年	企业价值(股价均值)2011 年	企业价值(股价均值)2012 年	企业价值(股价中位数)2010 年	企业价值(股价中位数)2011 年	企业价值(股价中位数)2012 年
A	321 268.73	320 245.67	178 143.05	202 363.12	291 230.04	179 524.74
B	228 468.27	208 886.04	130 725.46	43 512.23	87 161.50	68 591.04
C	354 556.15	384 873.76	199 537.36	171 279.70	325 726.88	198 493.89
D	439 289.11	382 419.40	264 324.81	217 369.11	328 179.40	253 524.81
E	618 929.60	300 678.24	120 556.88	184 364.60	71 583.24	−3 238.12
F	0.00	223 326.65	390 458.13	0.00	38 607.65	136 260.13
G	0.00	0.00	168 825.29	0.00	0.00	62 337.29
H	0.00	0.00	115 795.08	0.00	0.00	111 175.08
证券名称	企业价值(股价均值)/EBITDA 2010 年	企业价值(股价均值)/EBITDA 2011 年	企业价值(股价均值)/EBITDA 2012 年	企业价值(股价中位数)/EBITDA 2010 年	企业价值(股价中位数)/EBITDA 2011 年	企业价值(股价中位数)/EBITDA 2012 年
A	43.89	33.64	737.81	27.64	30.59	743.53
B	51.73	45.69	20.05	9.85	19.06	10.52
C	53.74	42.58	48.35	25.96	36.04	48.09
D	67.12	40.73	20.17	33.21	34.95	19.35
E	86.89	33.38	26.44	25.88	7.95	−0.71
F	0.00	33.55	38.83	0.00	5.80	13.55
G	0.00	0.00	28.35	0.00	0.00	10.47
H	0.00	0.00	45.35	0.00	0.00	43.54

上述方法只是我们初步的研究结果，对于不同的估值项目如何选择可比公司的价值乘数及合理确定价值区间，应视标的公司的行业特点、价值影响因素等诸多条件，具体问题具体分析，我们不强调千篇一律。只有这样，才符合评估既是科学又是艺术的理念，也才能真实有效地反映标的公司的隐含内在价值。

五、关于流动性折扣和控制权溢价的考量

（一）缺乏流动性折扣的研究

当评估师利用可比公司法进行企业价值的测算时，采用的参照价值标准是上市公司的市值，但是被评估标的企业往往是非上市公司，其股权是不可以在股票交易市场上交易的，由于上市公司存在这种流动性溢价，这种不可流通性对其价值是有影响的。

1. 资产评估准则的相关规定

《资产评估准则——企业价值》第 35 条规定："上市公司比较法是指获取并分析可比上市公司的经营和财务数据，计算适当的价值比率，在与被评估企业比较分析的基础上，确定评估对象价值的具体方法。上市公司比较法中的可比企业应当是公开市场上正常交易的上市公司，评估结论应当考虑流动性对评估对象价值的影响。"

2. 国外对流动性折扣的研究

国外的分析师在进行企业价值评估时，多从两个角度反映非上市公司的非流动性，即在参照上市公司的标准进行估值后，再考虑折扣率，或者将缺少流动性折扣率的因素体现在贴现率中，国内的评估机构在执业时多

采用前者。国际上关于缺少流动性折扣率主要的研究可以分成两类：限制股票交易的研究和IPO之前的研究。[①]

国际上关于这方面的研究比较多，而国内评估界关于这方面的研究起步较晚，但已有不少有价值的结果。赵强、苏一纯（2002）对企业价值评估中股权缺乏流通性减值折扣问题进行了研究；而在2012年由中国资产评估协会资助的课题《收益法评估参数确定实证研究》中，赵强等分别对国外的研究成果进行了综述，同时又根据国内资本市场在不同时期的条件和特点，对流动性折扣的计算方法进行了研究，并提出了新的计算方式。

3. 国内对流动性折扣的研究

我们搜集了一些国内具有代表性的事务所的评估说明，目前评估界主要从以下几个角度确定缺少流动性折扣：

（1）在股权分置改革前，利用上市公司法人股交易的案例与其股票价值进行研究；

（2）利用上市公司在进行股权分置改革时，法人股支付对价的方案实施进行研究；

（3）利用新股发行定价估算的方式进行研究；

（4）利用非上市公司并购交易市盈率与同类上市公司市盈率对比方式进行研究。

考虑到法人股交易案例和股权分置改革案例均有其时代的特殊性，随着市场环境的变化，目前已经不再适用；而中国资本市场发行新股进行询价的前提是，该只股票已经基本确定要上市交易，获得流动性仅仅是时间问题，采用这种确定流动性折扣的方式，有可能低估流动性折扣带来的差

---

① 参见莎伦·P·普拉特、罗格·J·格拉博斯基：《资本成本：应用和案例》，北京，经济科学出版社，2014。

异，同时我国目前普遍存在的新股发行定价过高问题给股票市场乃至全社会都带来了极大的负面影响，尤其是一年多以来停止新股发行使得计算数据缺失。因此在本书中我们采用了北京中同华资产评估有限公司的研究成果，按照比较非上市公司并购交易市盈率的方式确定流动性折扣（见表4—10）。

表 4—10　2013 年按照比较非上市公司并购交易市盈率的方式确定的流动性折扣

序号	行业名称	非上市公司并购		上市公司		缺少流动性折扣率（%）
		样本点数量	市盈率平均值	样本点数量	市盈率平均值	
1	采掘业	14	23.96	39	14.13	－69.6
2	传播与文化产业	16	21.10	17	34.71	39.2
3	电力、煤气及水的生产和供应业	28	16.87	44	23.67	28.7
4	电子	46	19.28	64	49.01	60.7
5	房地产业	53	12.24	61	24.39	49.8
6	纺织、服装、皮毛	7	13.11	33	31.41	58.3
7	机械、设备、仪表	73	15.44	242	37.11	58.4
8	建筑业	18	16.29	28	26.53	38.6
9	交通运输、仓储业	18	16.76	44	18.55	9.6
10	金融、保险业	40	10.73	34	21.32	49.7
11	金属、非金属	29	16.10	121	39.99	59.7
12	农、林、牧、渔业	6	27.46	20	38.70	29.0
13	批发和零售贸易	56	13.11	80	26.91	51.3
14	社会服务业	7	28.94	39	37.81	23.5
15	石油、化学、塑胶、塑料	27	13.80	114	32.34	57.3
16	食品、饮料	18	16.31	48	34.84	53.2
17	信息技术业	57	19.01	62	52.49	63.8
18	医药、生物制品	41	19.71	71	44.33	55.5
19	造纸、印刷	6	10.23	23	40.49	74.7
20	其他制造业	4	16.00	10	40.37	60.4
21	综合类	59	14.18	19	25.97	45.4
22	合计/平均值	623	17.17	1 213	33.10	42.7
23	合计/全部案例整体平均	623	16.03	1 213	34.58	53.6

资料来源：北京中同华资产评估有限公司。

（二）控制权溢价的研究

当采用上市公司比较法评估企业股权价值时，由于可比公司为上市公司，在计算企业价值时采用的股票价格为流通股股价，而上市公司流通股一般都是代表小股东权益或非控股股东权益的，不具有对公司的控制权，当采用可比公司法计算被评估企业的股权价值（包含控制权）时，应当对其价值结论进行控制权溢价调整。

对于具有控制权的股东与缺少控制权的股东，如果可以定量地估算控制权的溢价，则也可以利用控制权溢价与缺少控制权折扣之间的勾稽关系计算：

$$缺少控制权折扣=1-\frac{1}{1+控制权溢价率}$$

《资产评估准则——企业价值》第20条规定："注册资产评估师应当知晓股东部分权益价值并不必然等于股东全部权益价值与股权比例的乘积。注册资产评估师评估股东部分权益价值，应当在适当及切实可行的情况下考虑由于具有控制权或者缺乏控制权可能产生的溢价或者折价，并在评估报告中披露评估结论是否考虑了控制权对评估对象价值的影响。"

国内目前针对这方面的研究，主要是按照美国评估界被称为企业价值评估泰斗的香农·普拉特（Shannon Pratt）的研究思路，利用目前国内投中集团旗下金融数据产品 CVSource 进行测算。①

根据 CVSource 提供的数据统计，2012 年、2013 年市场交易案例中平

① 参见赵立新、刘萍：《上市公司并购重组市场法评估研究》，北京，中国金融出版社，2012。

均折扣率如表 4—11 所示。

表 4—11　　市场交易案例中平均折扣率

年份	少数股权交易		控股权交易		控制权溢价率（%）	缺少控制权折扣率（%）
	并购案例数量	市盈率	并购案例数量	市盈率		
2012	374	16.81	311	21.20	26.11	20.71
2013	117	16.62	174	22.16	33.33	25.00

第五章

运用可比公司法重估并购重组案例

可比公司法究竟是否可以在我国上市公司并购重组中应用，我们在这一章试图给出诠释，即对上市公司已经完成重组交易的标的企业价值运用可比公司法进行重估，并与当时作为最终评估结论的评估值相互验证。通过对交易标的的重估，我们发现，多数行业，尤其是针对轻资产性质企业的评估，可比公司法评估结论可以与收益法评估结论较好地相互验证，体现了评估的严谨性。当然，在重估的过程中也有一些值得讨论的问题和值得商榷的做法。本章的6个案例仅仅是抛砖引玉，为读者具体应用可比公司法提供一些借鉴。

本章中所有案例的数据均来自评估技术说明①，考虑到收益法和可比公司法均根据企业的现金流来反映企业价值，因此可比公司法估值采用与收益法同口径进行非经营性资产、负债和付息负债的调整。

同时评估师按照惯例将评估结果确定为一个固定值，但实际上考虑到收益法的估值结论受到多方面的影响，尤其是贴现率的波动对于评估结果具有明显的影响，因此在本章中我们对所有收益法评估案例均从资本成本

① 本章案例的所有数据均来自上市公司已经公开披露的交易案例。

的角度进行了敏感性分析。

一、宇顺电子收购雅视科技

宇顺电子（002289）向深圳市雅视科技股份有限公司（以下简称“雅视科技”）全体股东发行股份及以现金购买其持有的雅视科技100%股权。经交易双方充分协商，拟收购资产的交易价格以中联资产评估集团（以下简称“中联评估”）出具的收益法评估报告所确定的评估值为依据，经中国证监会上市公司并购重组委员会审核获得无条件通过。基本情况如下：

（一）雅视科技基本情况

深圳市雅视科技股份有限公司成立于2004年8月5日，公司所处行业为电子产品制造业，2004年8月廖海鸿、骅美实业、郑小瑜、范若娟、合颂科技共同以货币出资组建雅视科技，注册资本为人民币200万元，廖海鸿担任法定代表人。经过10年的发展及经过多次股权转让和增资后，雅视科技截至评估基准日的股权结构如表5—1所示。

表5—1

序号	股东名称	股份数（万股）	持股比例（%）
1	林萌	5 353.89	35.69
2	松禾绩优	1 594.74	10.63
3	李梅兰	1 147.26	7.65
4	瑞盈精选	956.85	6.38
5	叁壹投资	937.91	6.25
6	林车	637.37	4.25

续前表

序号	股东名称	股份数（万股）	持股比例（%）
7	中科宏易	637.37	4.25
8	瑞盈丰华	637.37	4.25
9	亚商创业	600.00	4.00
10	李洁	509.88	3.40
11	孙慧	318.69	2.12
12	东方九胜	300.00	2.00
13	万融投资	300.00	2.00
14	高特佳春华	300.00	2.00
15	桑尼娅	254.96	1.70
16	皖北金牛	150.00	1.00
17	康成亨宝成	150.00	1.00
18	秋枫投资	150.00	1.00
19	浦剑科技	63.74	0.42
合计		15 000.03	100.00

雅视科技的主营业务为中小尺寸 TFT 液晶显示器件及其模组的研发、生产和销售。中小尺寸 TFT 液晶显示器件及其模组可广泛应用于手机、数码相机、车载电子、仪器仪表、家用电器等领域的图文显示界面，其中手机、数码相机领域用量最大。

雅视科技 2011 年、2012 年及 2013 年 1—6 月资产负债状况及经营情况如表 5—2 和表 5—3 所示。

表 5—2　　资产负债表状况　　单位：万元

项目名称	2013 年 6 月 30 日	2012 年 12 月 31 日	2011 年 12 月 31 日
流动资产合计	87 019.56	63 847.09	29 714.81
非流动资产合计	7 429.60	6 341.20	2 024.79
资产总计	94 449.16	70 188.29	31 739.60
流动负债合计	61 806.06	41 224.91	17 603.45
非流动负债合计	491.67	498.15	0.00
负债总计	62 297.73	41 723.06	17 603.45
少数股东权益			0.00
归属母公司所有者权益	32 151.43	28 465.23	14 136.15

表 5—3 利润表情况 单位：万元

项目名称	2013 年 1—6 月	2012 年度	2011 年度
主营业务收入	69 151.98	112 204.16	35 604.71
主营业务成本	56 776.75	93 045.56	28 201.59
营业利润	4 502.58	7 549.98	4 218.24
净利润	3 691.06	6 229.74	3 619.41
归属母公司所有者净利润	3 686.20	6 229.08	3 619.22

（二）雅视科技资产评估情况

根据中联评估出具的中联评报字［2013］第 646 号《资产评估报告》，中联评估主要采用收益法和资产基础法对标的企业在评估基准日 2013 年 6 月30 日所表现的市场价值进行了评估。根据收益法得出的评估结果，雅视科技 100%股权的评估值为折合人民币 145 128.00 万元；根据资产基础法得出的评估结果，雅视科技 100%股权的评估值为人民币 37 453.45 万元。

1. 成本法评估情况

采用资产基础法对深圳市雅视科技股份有限公司的全部资产和负债进行评估，得出的评估基准日 2013 年 6 月 30 日的评估结论如下：资产账面价值 89 488.35 万元，评估值 95 523.74 万元，评估值与账面价值比较增值 6 035.39 万元，增值率 6.74%。负债账面值 58 070.29 万元，评估值 58 070.29 万元，评估无增减值。

2. 收益法评估情况

在评估基准日 2013 年 6 月 30 日持续经营前提下，经天职国际会计师事务所（特殊普通合伙）所审计的雅视科技本部账面总资产为 89 488.35 万元，总负债为 58 070.29 万元，净资产为 31 418.06 万元；评估后全部

股东权益价值为 145 128.00 万元（见表 5—4），评估增值 113 709.94 万元，增值比率为 261.93%。

表 5—4

单位：万元

年份	2013 年（7—12 月）	2014 年	2015 年	2016 年	2017 年	2018 年	永续年度
净现金流量	−597.00	1 720.00	8 125.00	11 431.00	10 531.00	19 945.00	22 380.28
贴现期	0.25	1.00	2.00	3.00	4.00	5.00	5.00
贴现率	11.38%	11.39%	11.39%	11.39%	11.39%	11.39%	11.39%
贴现系数	0.97	0.90	0.81	0.72	0.65	0.58	0.58
净现值	−581.13	1 544.12	6 548.34	8 270.76	6 840.45	11 630.62	114 580.50*
经营性资产价值	148 833.67						148 833.67
非经营性或溢余性资产价值	2 598.33						—
长期投资权益价值							
企业价值	151 432.00						
付息债务价值	6 304.00						
股东权益价值	145 128.00						

＊永续期贴现值系将永续年度现金流年金化至预测期末，再将其贴现至基准日。

注：评估说明显示，企业评估基准日非经营性资产、负债及溢余资产为预付账款 839.24 万元，主要为预付的设备款，其他应收款 5.39 万元，递延所得税资产 99.25 万元，未纳入现金流预测的设备和土地 2 106.93 万元（评估值），应付利息 9.44 万元，账面其他应付款 443.04 万元，主要为应付设备款，合计共 2 598.33 万元；付息负债 6 304.00 万元。

（三）可比公司法重估雅视科技

1. 可比公司的选择

根据同花顺提供的数据，本着所选取的样本公司应具有较强的可比性的原则，我们使用新证监会行业分类，将所属制造业——计算机、通信和其他电子设备制造业上市公司共 219 家作为初步的可比公司群。

参照雅视科技的指标，我们对可比公司群进行了初步细化：

（1）业务与其相同或相近的公司；

（2）评估基准日之前一年已经上市的公司；

（3）评估基准日之前一月成交均价与基准日前 52 周成交均价比在行业内处于平均水平的公司。

据此，我们初步确定的可比公司群，与雅视科技均属于手机类生产制造行业的上市公司有 14 家，具体信息如表 5—5 所示。

表 5—5

序号	证券名称	证券代码	主营业务名称（第一位）	所属证监会分类
1	深天马 A	000050. SZ	液晶显示屏及液晶显示模块	计算机、通信和其他电子设备制造业
2	超声电子	000823. SZ	印制线路板	计算机、通信和其他电子设备制造业
3	武汉凡谷	002194. SZ	双工器	计算机、通信和其他电子设备制造业
4	奥维通信	002231. SZ	技术服务	计算机、通信和其他电子设备制造业
5	三元达	002417. SZ	商品销售	计算机、通信和其他电子设备制造业
6	盛路通信	002446. SZ	基站天线	计算机、通信和其他电子设备制造业
7	长盈精密	300115. SZ	手机及通信产品连接器	计算机、通信和其他电子设备制造业
8	大富科技	300134. SZ	射频器件	计算机、通信和其他电子设备制造业
9	信维通信	300136. SZ	天线	计算机、通信和其他电子设备制造业
10	星星科技	300256. SZ	手机视窗防护屏	计算机、通信和其他电子设备制造业
11	吴通通讯	300292. SZ	射频连接器件	计算机、通信和其他电子设备制造业
12	硕贝德	300322. SZ	手机天线	计算机、通信和其他电子设备制造业
13	宇顺电子	002289. SZ	触摸显示模组	计算机、通信和其他电子设备制造业
14	环旭电子	601231. SH	通信类产品	计算机、通信和其他电子设备制造业

资料来源：同花顺 iFinD。

2. 可比公司财务数据统计及估值指标计算

我们对所有可比公司 2010—2012 年的财报数据利用同花顺 iFinD 进行了收集整理。各家可比公司扣非调整后的财务指标及衍生财务数据如表 5—6 所示。

表 5—6

单位：万元

2010 年扣非后财务数据					
序号	证券名称	证券代码	EBITDA	EBIT	销售收入
1	深天马 A	000050. SZ	51 644. 38	19 809. 46	345 421. 15
2	超声电子	000823. SZ	38 702. 70	22 352. 77	298 334. 53
3	武汉凡谷	002194. SZ	32 573. 03	24 810. 76	98 976. 42
4	奥维通信	002231. SZ	3 859. 80	2 845. 37	27 526. 37
5	三元达	002417. SZ	6 721. 81	5 445. 57	49 646. 41
6	盛路通信	002446. SZ	6 625. 25	4 866. 76	40 872. 41
7	长盈精密	300115. SZ	13 190. 52	10 726. 52	47 641. 64
8	大富科技	300134. SZ	30 873. 77	27 601. 69	86 282. 75
9	信维通信	300136. SZ	5 418. 48	4 861. 97	14 011. 72
10	星星科技	300256. SZ			
11	吴通通讯	300292. SZ			
12	硕贝德	300322. SZ			
13	宇顺电子	002289. SZ	5 031. 73	3 870. 82	74 476. 40
14	环旭电子	601231. SH			
2011 年扣非后财务数据					
序号	证券名称	证券代码	EBITDA	EBIT	销售收入
1	深天马 A	000050. SZ	66 389. 24	18 918. 66	461 496. 72
2	超声电子	000823. SZ	41 442. 15	25 143. 06	329 311. 30
3	武汉凡谷	002194. SZ	26 498. 17	18 368. 36	100 046. 40
4	奥维通信	002231. SZ	7 748. 74	6 415. 27	52 620. 32
5	三元达	002417. SZ	9 614. 54	7 648. 06	71 744. 82
6	盛路通信	002446. SZ	3 595. 19	1 636. 73	38 943. 72
7	长盈精密	300115. SZ	22 889. 28	18 287. 44	78 316. 87
8	大富科技	300134. SZ	23 100. 39	17 581. 01	98 950. 19
9	信维通信	300136. SZ	8 704. 23	8 038. 06	16 297. 66
10	星星科技	300256. SZ	9 823. 08	7 528. 35	56 280. 04
11	吴通通讯	300292. SZ			
12	硕贝德	300322. SZ			
13	宇顺电子	002289. SZ	5 764. 94	4 250. 96	84 920. 46
14	环旭电子	601231. SH			

2012 年扣非后财务数据					
序号	证券名称	证券代码	EBITDA	EBIT	销售收入
1	深天马 A	000050. SZ	66 860. 94	16 292. 91	433 354. 44
2	超声电子	000823. SZ	43 803. 21	26 834. 95	364 084. 13
3	武汉凡谷	002194. SZ	11 191. 24	3 588. 98	103 933. 55
4	奥维通信	002231. SZ	6 831. 09	5 329. 52	39 779. 17
5	三元达	002417. SZ	8 381. 61	5 758. 13	82 474. 11
6	盛路通信	002446. SZ	3 312. 66	1 296. 48	31 255. 67
7	长盈精密	300115. SZ	29 722. 08	21 928. 41	122 189. 00
8	大富科技	300134. SZ	−14 729. 69	−26 659. 91	150 395. 53
9	信维通信	300136. SZ	1 763. 04	494. 51	21 575. 30
10	星星科技	300256. SZ	4 295. 90	554. 26	48 357. 33
11	吴通通讯	300292. SZ	3 154. 11	2 476. 25	25 821. 87
12	硕贝德	300322. SZ	5 672. 51	4 622. 94	36 455. 98
13	宇顺电子	002289. SZ	−5 786. 33	−9 243. 02	100 714. 11
14	环旭电子	601231. SH	95 993. 35	76 938. 11	1 333 529. 46

注：没有数据的单元格是因为该上市公司当年未上市。

根据上市公司的资产重组报告，标的企业主要的竞争对手为深天马A、超声电子（另外，信利国际为香港上市公司，其价值不具备可比性），因此我们将上述两家上市公司作为可比公司。此外，我们还分别按照销售收入、ROE、ROA 等指标来对上述可比的上市公司进行排序以确定最佳的上市公司（由于标的企业财务数据较少，故不考虑历史增长率的排序），本案例中我们确定了硕贝德作为最佳的可比公司。

3. 计算可比公司估值交易乘数

我们计算可比公司企业价值的方式为：

$$\begin{aligned}企业价值 &= 股权价值 + 付息负债 + 非控股的权益\\ &\quad - 现金及现金等价物\end{aligned}$$

式中，股权价值为可比公司的年报日的总股本乘以区间内的前复权的成交均价。其余数据均来源于可比公司当年财报数据。

所选择收益类参数为扣非调整后的 EBITDA、EBIT 和销售收入。具体的交易乘数为：

• 可比公司企业价值与息税前收益乘数（EV/EBIT）。

• 可比公司企业价值与息税折旧摊销前收益乘数（EV/EBITDA）。

• 可比公司企业价值与销售收入乘数（EV/销售收入）。

各家可比公司具体的交易乘数如下：

其余经剔除后的符合条件的可比公司作为参考，经计算，可比公司的EV/EBITDA、EV/EBIT、EV/销售收入如表5—7所示。

表5—7

	乘数	EV/EBITDA			EV/EBIT			EV/销售收入		
证券名称	证券代码	2010	2011	2012	2010	2011	2012	2010	2011	2012
深天马A	000050. SZ	16.57	12.43	12.57	39.33	39.27	31.56	3.33	2.94	2.71
超声电子	000823. SZ	16.71	11.98	11.83	25.96	18.45	20.49	2.25	2.09	1.90
硕贝德	300322. SZ			19.99			29.04			2.55
	中位数	12.57			29.04			2.55		
	平均值	14.58			24.16			2.54		

4. 运用可比公司法估值的雅视科技隐含价值区间

根据大华会计师事务所（特殊普通合伙）出具的宇顺电子2012年度及2013年1—6月审计报告（大华审字［2013］005429号），根据中联评估出具的中联评报字［2013］第646号《资产评估报告》，2012年，雅视科技实际完成营业收入、EBIT、EBITDA及2013年预测情况如表5—8所示。

表5—8　　单位：万元

项目	2012年	2012年调整后	2013年(1—6月)	2013年(7—12月)	2013年预测
营业总收入	112 204.16	112 204.16	69 151.98	81 049.00	150 200.98
利润总额	7 549.89	8 616.82	6 004.97	5 519.00	11 523.97
净利润	6 229.74	7 296.66	5 215.59	4 616.00	9 831.59
利息支出	937.89	937.89	468.34	608.93	1 077.27
EBIT	8 487.87	9 554.71	6 473.31	6 127.93	12 601.24
折旧	455.99	455.99	381.93	438.00	819.93
摊销	18.77	18.77	12.15	4.00	16.15
EBITDA	8 962.63	10 029.47	6 867.39	6 569.93	13 437.32

由于无法获得雅视科技2012年6月30日的财务数据，我们也就无法计算雅视科技基准日前12个月的相应估值指标，因此本次估值我们按照2012年度的财务报表及2013年预测数据进行测算。

考虑到税息前收益和息税折旧摊销前收益可以减少资本结构不同所可能带来的价值影响，因此我们认为，采用EBITDA乘数、EBIT乘数更能反映企业价值。因而我们采用上述乘数作为估值乘数。

又经过深入分析，我们发现上述三家可比公司计提折旧摊销的资产与净利润之比远大于雅视科技，即同样一单位资产的利用效率，雅视科技要高于可比公司，因此采用EBITDA乘数有可能影响对于雅视科技的价值判断，因此最终我们采用EBIT乘数作为估值乘数（见表5—9）。

表5—9

可比公司 EV/EBIT	
24.16	25.96

从表5—10的计算结果可知，以雅视科技经营性资产2012年度EBIT为被乘数形成的隐含价值区间为224 571.06万元～241 702.85万元；以2013年度预测EBIT为被乘数形成的隐含价值区间为298 185.83万元～320 780.11万元。由此形成的雅视科技经营性资产评估基准日隐含价值区间为224 571.06万元～320 780.11万元。

表5—10

年份	调整后 EBIT（万元）	可比公司 EV/EBIT		付息负债（万元）	股权价值（万元）	
		24.16	25.96			
2012	9 554.71	230 875.06	248 006.85	6 304.00	224 571.06	241 702.85
2013E	12 601.24	304 489.83	327 084.11	6 304.00	298 185.83	320 780.11

同时，也可以以上述两个乘数计算的股权价值的估值端点均值为谨慎的隐含估值区间，即（224 571.06＋298 185.83）/2＝261 378.45万元，

(241 702.85＋320 780.11)/2＝ 281 241.48 万元，所得到的隐含价值区间为 261 378.45 万元～281 241.48 万元。

根据第四章的研究结论，在可比公司法估值结果基础上应考虑流动性折扣因素。根据同花顺、CVSource 提供的数据，通过对非上市公司并购市盈率与上市公司市盈率进行比较分析，估算 2013 年电子行业缺少流动性折扣率为 60.7%，据此计算的雅视科技经营性资产的隐含价值区间为

261 378.45×(1－60.70%)＝102 721.73（万元）

281 241.48×(1－60.70%)＝110 527.90（万元）

即隐含价值区间为 102 721.73 万元～110 527.90 万元。

同时，还应考虑可比公司的股权价值实际上是利用可比公司的成交均价计算得出的，是少量在市面流通的股权的交易，并不能代表全部股东权益价值，所以，还应考虑少数股权控制权转移溢价问题。同样利用国内较新的少数股权控制权折扣率的计算方式，根据 CVSource 提供的统计数据，2013 年市场交易案例中平均折扣率为 25.00%，即：折价后股权价值＝直接测算股权价值/(1－少数股权控制权折扣率)，则雅视科技经营性资产估值结果为 136 962.30 万元～147 370.53 万元。

同时，我们根据扣非数据计算出的是雅视科技经营性资产的价值。评估说明显示，雅视科技对应的溢余资产价值为 2 598.33 万元，因此在计算雅视科技整体企业价值时，则应当在经营性资产估值结果上，计入上述溢余资产价值，则雅视科技经营性资产估值结果为 139 560.63 万元～149 968.86万元。

(四) 可比公司法估值结果与收益法评估结果的分析验证

根据中联评估出具的中联评报字［2013］第 646 号《资产评估报告》，

中联评估主要采用收益法和资产基础法对标的资产在评估基准日 2013 年 6 月 30 日所表现的市场价值进行了评估。根据收益法得出的评估结果，雅视科技 100%股权的评估值为折合人民币 145 128.00 万元（见表 5—11）。我们按照评估公司所采用的贴现率按照上下浮动 1.0%进行敏感性分析，计算出收益法的评估值范围为 13.02 亿元～16.31 亿元。

表 5—11

贴现率变动值 / 标的公司	−1.00%	−0.50%	0%	0.50%	1.00%
雅视科技（万元）	163 095.62	153 681.77	145 128.00	137 324.97	130 181.01

将可比公司法与收益法估值区间放到一起比较，我们不难发现，13.96 亿元～15.00 亿元是两种估值方法完全交集部分，如果将其区间作为定价参考依据应该比较恰当（见图 5—1）。

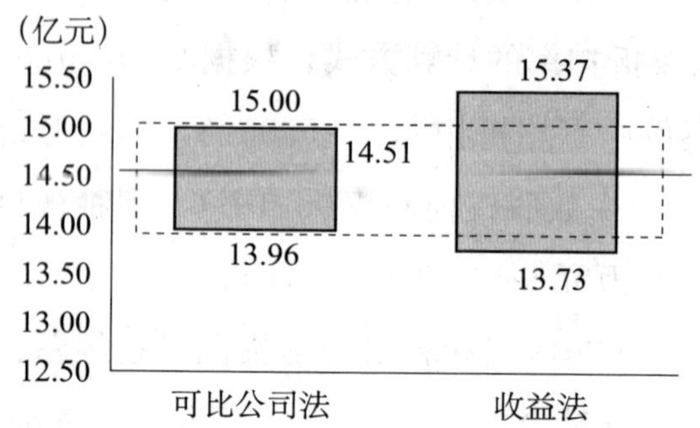

图 5—1

而评估机构给出的收益法最终评估结论为 14.51 亿元，落在这个区间。因此，我们认为这个评估结论是合理谨慎的，两种方法得到了很好的验证。

（五）案例点评

通过巨潮资讯网站我们查阅到，该案例资产评估结果是：资产基础法评估结论为 3.75 亿元，收益法评估结论为 14.51 亿元，两者相差 287%。显而易见，两种方法评估结果没有交集，相互验证没有实质意义。如果将这样的评估结论作为并购双方决策层决策参考和社会投资者投资参考，不仅没有意义，而且会造成非评估界人士的误读。然而，通过运用可比公司法重估该企业隐含的内在价值，我们得到 13.96 亿元～15.00 亿元的价值区间；进而又对收益法运用的贴现率做了敏感性分析，我们得到 13.73 亿元～15.37 亿元的价值区间，并建议将两个区间的交集部分作为定价参考。毋庸置疑，这样的估值结论无论是对并购双方还是对社会各界都有很强的参考价值。

2012 年 2 月工业和信息化部发布的《电子信息制造业“十二五”发展规划》中有专门的章节阐述推动企业兼并重组，优化电子信息产业组织结构的必要性，提出鼓励龙头骨干企业开展海外兼并重组和技术收购。2013 年 1 月 22 日，工信部、发改委、国资委等十二部委联合发布文件，加快推进钢铁、水泥、汽车、医药、电子信息、造船、稀土、电解铝和农业这九大行业的并购重组。其中对于电子信息行业提出的目标为：到 2015 年，形成 5～8 家销售收入过千亿元的大型骨干企业，努力培育销售收入过 5 000亿元的大企业。由此我们有理由相信未来针对电子信息制造行业的并购事件会更多，同时雅视科技属于电子信息制造行业，属于轻资产行业，因此本案例的估值具有典型的借鉴意义。

二、东华软件发行股份购买神州新桥

2010 年，东华软件（002065）通过发行股份的方式购买北京神州新桥科技有限公司全部股权。以中铭国际评估公司出具的中铭评报字

[2010] 第0006号《资产评估报告》为定价依据。经交易双方充分协商，扣除2 000.00万元分红后，神州新桥100%股权作价32 000.00万元。基本情况如下：

（一）神州新桥基本情况

2001年7月30日，经北京市工商行政管理局海淀分局核准，乔迁、杨曙光、王海涵共同出资设立神州新桥。神州新桥共经过4次增资、5次股权转让，截至2009年12月31日，股权结构如表5—12所示。

表5—12

股东名称	出资额（万元）	出资方式	出资比例（%）
张秀珍	920.00	知识产权	82.759
	1 562.77	货币	
张建华	412.35	货币	13.745
江海标	46.26	货币	1.542
王佺	33.06	货币	1.102
吕兴海	25.56	货币	0.852
合计	3 000		100.00

神州新桥属于计算机应用服务业，包括辅助性运营服务和承揽式外包服务两大类。自2001年起参与了工商银行、建设银行、中国银行、交通银行等大型金融企业的网络建设项目，通过多年系统集成经验的积累，先后开发了多个适合金融用户的解决方案，并拥有多个具有自主知识产权的网络管理软件，形成了独具特色的网管系列产品。

神州新桥2007年、2008年、2009年及2010年1—6月资产负债状况及经营情况如表5—13所示。

表 5—13　　单位：万元

项目	2010年 6月30日	2009年 12月31日	2008年 12月31日	2007年 12月31日
资产总计	14 561.76	15 351.38	12 734.80	9 288.13
流动资产	14 088.21	14 889.03	11 414.26	7 920.34
非流动资产	473.55	462.35	1 320.54	1 367.79
负债合计	7 735.68	7 314.41	5 428.65	2 685.93
流动负债	7 735.68	7 314.41	5 428.65	2 685.93
非流动负债	—	—	—	—
归属于母公司所有者权益合计	6 826.08	8 036.97	7 306.15	6 602.20
项目	2010年 (1—6月份)	2009年度	2008年度	2007年度
营业总收入	7 725.74	25 256.22	22 514.29	16 033.00
营业总成本	6 788.44	21 452.52	20 606.47	14 637.79
营业利润	937.29	3 817.08	1 914.15	1 395.21
利润总额	943.64	3 785.09	1 924.99	1 398.11
净利润	789.12	3 230.81	1 603.96	1 107.47

资料来源：以上数据出自北京兴华会计师事务所有限责任公司出具的［2010］京会兴审字第3—55号《审计报告》。

（二）神州新桥资产评估情况

中铭国际评估公司分别采用资产基础法和收益法两种方法进行评估，最终采用收益法评估结果作为标的交易的主要依据，具体的评估结论为：

1. 资产基础法评估情况

评估前总资产账面价值为15 425.01万元，负债账面价值为7 316.37万元，净资产账面价值为8 108.64万元；评估后总资产评估价值为15 456.50万元，负债评估价值为7 316.37万元，净资产评估价值为8 140.13万元，净资产评估价值较账面价值评估增值31.49万元，增值率为0.39%。评估结论见表5—14。

表 5—14　　　　单位：万元

项目	账面价值	评估价值	增减额	增值率（%）
流动资产	14 490.25	14 549.65	59.40	0.41
非流动资产	934.76	906.85	−27.91	−2.99
其中：长期股权投资	500.00	428.21	−71.79	−14.36
固定资产	411.05	461.68	50.63	12.32
长期待摊费用	8.05	8.05	—	—
递延所得税资产	15.66	8.91	−6.75	−43.10
资产总计	15 425.01	15 456.50	31.49	0.20
流动负债	7 316.37	7 316.37	0.00	0.00
长期负债	0.00	0.00	0.00	0.00
负债合计	7 316.37	7 316.37	0.00	0.00
净资产	8 108.64	8 140.13	31.49	0.39

2. 收益法评估情况

采用收益法评估神州新桥的股东全部权益价值为 34 675.00 万元，比审计后账面净资产增值 26 566.36 万元，增值率为 327.63%。

（1）神州新桥营业资产的价值评估（见表 5—15）。

表 5—15

项目	预测期					稳定期
	2010 年	2011 年	2012 年	2013 年	2014 年	2015 年及以后
企业自由现金净流量（万元）	2 417.56	3 022.07	3 389.57	3 951.49	4 405.95	4 742.65
贴现率（%）	12.32	12.32	12.32	12.32	12.32	12.32
贴现期	1	2	3	4	5	
贴现系数	0.890 3	0.792 7	0.705 7	0.628 3	0.559 4	
贴现值（万元）	2 152.35	2 395.59	2 392.02	2 482.72	2 464.69	
永续期贴现值（万元）	21 534.40*					
经营性资产价值（万元）	33 421.77					

* 永续期贴现值系将 2015 年及以后年度现金流年金化至 2014 年，再将其贴现至基准日。

（2）溢余资产及非经营性资产、有息负债。

①溢余资产。

截至评估基准日，神州新桥共有货币资金 8 858.33 万元。根据神州新桥 2010 年经营预测，付现成本约为 26 768.65 万元，结合资金周转率确定神州新桥需要营运资金 7 648.19 万元。

$$\text{最低现金保有量}=\text{营运资金}+\text{应付、预收账款余额}-\text{应收、预付账款余额}-\text{存货余额}$$

$$=7\ 648.19+1\ 860.62-4\ 475.84=5\ 032.97\text{（万元）}$$

根据计算，神州新桥需要资金存量为 5 032.97 万元，溢余资金为 3 825.36万元。

②非经营性资产的确定。

经评估，神州新桥对北京神州新桥软件技术有限公司长期投资在 2009 年 12 月 31 日的净资产评估价值为 428.21 万元。

③有息负债的确定。

短期借款 3 000.00 万元，以其核实后账面价值作为评估价值。

（3）评估结果。

$$\text{神州新桥整体资产价值}=\text{经营性资产价值}+\text{溢余资产价值}+\text{非经营性资产价值}-\text{非经营性负债}$$

$$=33\ 421.77+3\ 825.36+428.21=37\ 675.34\text{（万元）}$$

$$\text{股东全部权益价值}=\text{整体资产价值}-\text{基准日付息负债}$$

$$=37\ 675.34-3\ 000.00=34\ 675.34\text{（万元）}$$

$$=34\ 675.00\text{（万元）（取整）}$$

综上所述，用收益法评估的神州新桥的股东全部权益价值为 34 675.00 万元。

（三）用可比公司法重估神州新桥价值

1. 可比公司的选择

截至 2009 年 12 月 31 日，按照证监会新行业分类，神州新桥所属软件和信息技术服务业共有上市公司 100 家。神州新桥 2007 年至 2010 年 1—6 月营业收入主要来源于集成收入和技术服务收入，可比公司选取标准为与神州新桥主营业务最为接近的公司，且在 2010 年以前上市的企业，共计 10 家。神州新桥主营业务情况如表 5—16 所示。

表 5—16

项目	2010 年（1—6 月）		2009 年	
	金额（万元）	占比（%）	金额（万元）	占比（%）
集成收入	5 482.99	70.97	20 309.23	80.41
自制及定制软件收入	—	—	4.62	0.02
技术服务收入	2 242.74	29.03	4 942.38	19.57
主营业务收入	7 725.73	100.00	25 256.23	100.00
项目	2008 年		2007 年	
	金额（万元）	占比（%）	金额（万元）	占比（%）
集成收入	18 286.18	81.22	12 506.69	78.01
自制及定制软件收入				
技术服务收入	4 228.11	18.78	3 526.32	-21.99
主营业务收入	22 514.29	100.00	16 033.01	100.00

选取的 10 家可比公司情况如表 5—17 所示。

表 5—17

证券代码	证券名称	主营业务 1	占比（%）	主营业务 2	占比（%）
000948.SZ	南天信息	系统集成	47.50	信息产品	28.18
002065.SZ	东华软件	系统集成	70.11	技术服务	14.41
002232.SZ	启明信息	系统集成	68.82	管理软件	16.39
002280.SZ	新世纪	系统集成与硬件销售	60.44	应用软件开发与销售	27.98
300002.SZ	神州泰岳	技术服务	60.13	系统集成	18.40
300033.SZ	同花顺	金融资讯及数据服务	69.21	系统销售及维护	21.57
600289.SH	亿阳信通	技术开发、技术服务	49.41	系统集成收入	26.23
600410.SH	华胜天成	系统产品及系统集成	51.12	专业服务收入	28.90
600728.SH	佳都新太	IT 综合服务	40.97	云计算产品与服务	22.05
600770.SH	综艺股份	软件及网络服务	40.40	芯片设计及应用	21.93

2. 搜集可比公司财务数据

在确定了 10 家可比公司后，我们通过同花顺 iFinD 软件搜集可比公司基本情况及财务数据，进行可比分析，剔除异常值（见表 5—18）。

表 5—18

证券代码	证券名称	公司基本情况			市场行情			盈利能力		
		上市日期	净资产 2009年(万元)	营业收入 2009年(万元)	基准日股价(元)	52周最高价(元)	占比(%)	ROE(%)	ROIC(%)	销售净利率(%)
000948.SZ	南天信息	1999-10-14	119 564.54	181 170.11	15.66	16.79	93.27	6.96	4.91	4.96
002065.SZ	东华软件	2006-08-23	129 606.63	154 893.68	23.24	25.59	90.82	20.30	18.47	15.56
002232.SZ	启明信息	2008-05-09	55 134.49	131 583.36	17.34	36.44	47.59	15.14	13.44	6.02
002280.SZ	新世纪	2009-08-21	45 574.95	17 837.64	41.25	46.42	88.86	15.90	13.18	21.66
300002.SZ	神州泰岳	2009-10-30	226 132.48	72 275.87	105.20	147.80	71.18	33.20	21.63	37.42
300033.SZ	同花顺	2009-12-25	101 346.60	19 081.69	70.86	78.88	89.83	55.96	13.27	39.17
600289.SH	亿阳信通	2000-07-20	141 229.61	92 843.12	16.50	17.39	94.88	5.85	4.52	8.57
600410.SH	华胜天成	2004-04-27	166 167.62	335 437.17	16.98	17.46	97.25	12.99	11.35	5.78
600728.SH	佳都新太	1996-07-16	−15 803.27	14 131.94	18.80	18.98	99.05	0.00	7.95	5.11
600770.SH	综艺股份	1996-11-20	158 331.01	51 646.85	17.24	18.18	94.83	4.74	2.97	10.71

证券代码	证券名称	运营能力			增长率(%)			每股收益(元)	
		应收账款周转率	存货周转率	总资产周转率	营业收入	净利润	经营活动现金流	EPS(扣非/稀释)	息税前净利润
000948.SZ	南天信息	5.93	3.73	0.86	−5.53	−16.25	−99.00	0.28	0.54
002065.SZ	东华软件	6.08	1.81	0.81	33.65	35.64	−58.77	0.56	0.60
002232.SZ	启明信息	12.17	20.95	1.82	21.27	20.07	546.36	0.29	0.33
002280.SZ	新世纪	5.39	14.14	0.54	28.56	6.97	−17.96	0.84	0.80
300002.SZ	神州泰岳	5.28	5.19	0.52	39.18	124.38	47.67	2.67	2.34
300033.SZ	同花顺	40.13	—	0.31	62.59	94.90	155.72	1.42	1.23
600289.SH	亿阳信通	3.51	3.74	0.37	8.74	7.95	−27.34	0.17	0.33
600410.SH	华胜天成	6.83	2.92	1.19	13.88	−4.12	7.05	—	0.47
600728.SH	佳都新太	4.95	3.47	0.48	34.69	−35.24	243.17	0.02	0.05
600770.SH	综艺股份	5.96	3.32	0.31	−12.18	0.23	−130.82	0.03	0.17

3. 计算可比公司企业价值乘数

我们计算可比公司企业价值的方式为：

企业价值=股权价值+付息负债+非控股的权益−现金及现金等价物

式中，股权价值为可比公司的年报日的总股本乘以区间内的前复权的成交均价。其余数据均来源于可比公司当年财报数据。

所选择收益类参数为扣非调整后的 EBITDA、EBIT 和销售收入。具体的交易乘数为：

- 可比公司企业价值与税息前收益乘数（EV/EBIT）。
- 可比公司企业价值与息税折旧摊销前收益乘数（EV/EBITDA）。
- 可比公司企业价值与销售收入乘数（EV/销售收入）。

在搜集了可比公司数据之后，我们计算可比公司企业价值 EV 及 EBITDA 等参数，确定可比公司企业价值乘数。

（1）企业价值。

可比公司群的企业价值有关各项计算结果如表 5—19 所示。

表 5—19

证券代码	证券名称	股权价值（万元）			付息负债（万元）		
		2007 年	2008 年	2009 年	2007 年	2008 年	2009 年
000948. SZ	南天信息	145 120. 62	230 114. 36	253 620. 18	36 127. 63	45 959. 32	45 319. 32
002065. SZ	东华软件	421 999. 82	452 032. 23	620 034. 87	7 584. 87	8 612. 25	11 527. 50
002232. SZ	启明信息	—	180 024. 39	464 589. 71	—	6 073. 19	6 037. 53
002280. SZ	新世纪	—	—	203 691. 56	—	—	316. 87
300002. SZ	神州泰岳	—	—	1 366 629. 62	—	—	500. 66
300033. SZ	同花顺	—	—	489 719. 14	—	—	840. 91
600289. SH	亿阳信通	574 152. 80	432 618. 01	473 954. 27	41 369. 78	55 329. 05	41 730. 83
600410. SH	华胜天成	886 067. 96	566 574. 12	593 140. 58	9 356. 12	16 511. 49	19 877. 74
600728. SH	佳都新太	191 115. 48	179 104. 39	212 850. 23	31 735. 71	28 509. 63	24 650. 15
600770. SH	综艺股份	674 816. 17	668 794. 87	557 838. 70	27 374. 35	13 362. 13	18 787. 36

证券代码	证券名称	少数股东权益（万元）			货币资金（万元）		
		2007 年	2008 年	2009 年	2007 年	2008 年	2009 年
000948.SZ	南天信息	7 165.41	7 024.59	8 851.30	31 392.57	59 431.15	73 841.93
002065.SZ	东华软件	11.14	15.50	9.88	30 523.91	36 052.87	41 437.44
002232.SZ	启明信息	—	37.73	0.00	—	11 944.34	19 218.54
002280.SZ	新世纪	—	—	320.83	—	—	20 129.16
300002.SZ	神州泰岳	—	—	123.23	—	—	113 498.01
300033.SZ	同花顺	—	—	0.00	—	—	57 080.66
600289.SH	亿阳信通	274.51	325.00	90.21	29 640.65	22 210.00	24 971.37
600410.SH	华胜天成	1 179.60	2 078.57	13 535.75	46 232.39	77 121.65	82 599.75
600728.SH	佳都新太	55.30	52.47	54.88	12 781.52	10 053.28	10 362.85
600770.SH	综艺股份	19 283.61	23 765.10	37 510.10	32 587.11	32 651.43	43 834.88

可比公司企业价值如表 5—20 所示。

表 5—20

证券代码	证券名称	企业价值（万元）		
		2007 年	2008 年	2009 年
000948.SZ	南天信息	157 021.09	223 667.11	233 948.87
002065.SZ	东华软件	399 071.91	424 607.10	590 134.82
002232.SZ	启明信息	—	174 190.96	451 408.69
002280.SZ	新世纪	—	—	184 200.09
300002.SZ	神州泰岳	—	—	1 253 755.50
300033.SZ	同花顺	—	—	433 479.39
600289.SH	亿阳信通	586 156.43	466 062.07	490 803.94
600410.SH	华胜天成	850 371.28	508 042.53	543 954.32
600728.SH	佳都新太	210 124.97	197 613.20	227 192.42
600770.SH	综艺股份	688 887.01	673 270.66	570 301.28

（2）EBITDA、EBIT、营业收入及企业价值乘数。

可比公司 EBITDA、EBIT 及营业收入情况如表 5—21 所示。

表 5—21

证券代码	证券名称	EBITDA(万元)			EBIT(万元)			营业收入(万元)		
		2007 年	2008 年	2009 年	2007 年	2008 年	2009 年	2007 年	2008 年	2009 年
000948. SZ	南天信息	8 167. 11	13 179. 18	12 693. 26	6 332. 01	11 233. 17	9 733. 68	166 571. 92	191 779. 20	181 170. 11
002065. SZ	东华软件	10 650. 82	20 088. 83	27 404. 08	9 956. 05	18 517. 72	25 257. 28	79 816. 52	115 892. 17	154 893. 68
002232. SZ	启明信息	0. 00	8 358. 80	10 780. 95	0. 00	6 749. 62	8 109. 33	79 055. 78	108 506. 65	131 583. 36
002280. SZ	新世纪	0. 00	0. 00	4 491. 89	0. 00	0. 00	4 171. 86	14 161. 20	13 875. 34	17 837. 64
300002. SZ	神州泰岳	0. 00	0. 00	29 679. 13	0. 00	0. 00	29 093. 29	44 276. 65	51 928. 29	72 275. 87
300033. SZ	同花顺	0. 00	0. 00	8 474. 00	0. 00	0. 00	7 988. 59	8 640. 86	11 736. 14	19 081. 69
600289. SH	亿阳信通	−1 062. 86	20 363. 30	13 521. 66	16 104. 02	13 243. 82	9 704. 24	89 556. 01	85 383. 08	92 843. 12
600410. SH	华胜天成	20 917. 25	25 329. 06	22 527. 65	20 047. 18	24 109. 02	20 937. 62	224 344. 98	294 544. 45	335 437. 17
600728. SH	佳都新太	−2 602. 20	206. 53	1 305. 36	−3 236. 71	−332. 29	816. 18	16 333. 68	10 492. 48	14 131. 94
600770. SH	综艺股份	11 511. 53	8 251. 76	7 859. 95	10 134. 90	6 493. 47	6 073. 28	62 641. 77	58 807. 28	51 646. 85
证券代码	证券名称	EV/EBITDA			EV/EBIT			EV/营业收入		
		2007 年	2008 年	2009 年	2007 年	2008 年	2009 年	2007 年	2008 年	2009 年
000948. SZ	南天信息	19. 23	16. 97	18. 43	24. 80	19. 91	24. 03	0. 94	1. 17	1. 29
002065. SZ	东华软件	37. 47	21. 14	21. 53	40. 08	22. 93	23. 36	5. 00	3. 66	3. 81
002232. SZ	启明信息		20. 84	41. 87		25. 81	55. 67		1. 61	3. 43
002280. SZ	新世纪			41. 01			44. 15			10. 33
300002. SZ	神州泰岳			42. 24			43. 09			17. 35
300033. SZ	同花顺			51. 15			54. 26			22. 72
600289. SH	亿阳信通	−551. 49	22. 89	33. 29	36. 40	35. 19	50. 58	6. 55	5. 46	5. 29
600410. SH	华胜天成	40. 65	20. 06	24. 15	42. 42	21. 07	25. 98	3. 79	1. 72	1. 62
600728. SH	佳都新太	−80. 75	956. 84	174. 05	−64. 92	−594. 71	278. 36	12. 86	18. 83	16. 08
600770. SH	综艺股份	59. 84	81. 59	72. 56	67. 97	103. 68	93. 90	11. 00	11. 45	11. 04

在计算乘数结果时，我们应当剔除乘数为负或与其他公司有明显差异（异常值）的可比公司；同时通过对可比公司的研究，剔除异常事件对可比公司企业价值的影响。最终我们选取南天信息、东华软件、启明信息、新世纪、华胜天成五家作为可比公司，但考虑到东华软件是收购方，其价值受到本次并购的影响，启明信息刚刚完成收购，其价值受到并购的影响，新世纪只有一年数据，华胜天成业务不太相关，南天信息最接近，因此以南天信息作为可比公司，其余可比公司仅作为参考。本次评估计算交易乘数，并以各乘数的年平均值组成乘数区间。

4. 神州新桥与可比公司的比较分析

云南南天电子信息产业股份有限公司是一家电子信息及医药企业。公司主要从事软件开发、系统集成、金融专用设备以及医药产品的研究开发及生产经营。南天信息公司是我国金融电子化行业的龙头企业之一，南天PR系列产品继续保持国内银行柜面打印设备市场的主导地位，已连续8年在国内同类产品中销量第一，保持全球第二大存折打印机生产厂商的地位 。2010年，南天信息公司发布了PR-2plus、PR9G两个新产品，继续保持在打印机的技术、市场双领先地位。同时，南天信息公司在证券金融专用设备、软件开发、系统集成等方面处于领先地位，承接了邮政金融国际业务整合项目，受国家邮政局委托承担邮政系统统一版本的运行维护工作，该系统是支撑邮政储蓄全国中心和31个省中心的核心业务系统。与神州新桥相比，南天信息产品服务行业相同，现金充裕，基准日前3年利润增长率略高于神州新桥。根据我们使用同花顺查询的基准日前后的证券公司的研究报告，南天信息2010—2012年预测平均增长率与神州新桥预测增长率基本接近。

可见，南天信息与神州新桥具有高度相关性，尤其在业绩驱动因素方面与神州新桥趋同，具有一定的可比性。

本次评估计算交易乘数，并以各乘数的年平均值组成乘数区间（见表5—22）。

表 5—22

证券代码	证券名称	EV/EBITDA			EV/EBIT			EV/营业收入		
		2007	2008	2009	2007	2008	2009	2007	2008	2009
000948. SZ	南天信息	19. 23	16. 97	18. 43	24. 80	19. 91	24. 03	0. 94	1. 17	1. 29

5. 计算评估对象的隐含价值区间

根据北京兴华会计师事务有限公司所出具的［2010］京会兴审字 3-55 号《审计报告》，截至评估基准日 2009 年 12 月 31 日，神州新桥营业收入、EBIT、EBITDA 情况如表 5—23 所示。

表 5—23　　单位：万元

项目	2009 年	2008 年	2007 年
营业总收入	25 256. 22	22 514. 29	16 033. 00
营业总成本	21 452. 52	20 606. 47	14 637. 79
营业利润	3 817. 08	1 914. 15	1 395. 21
利润总额	3 785. 09	1 924. 99	1 398. 11
净利润	3 230. 81	1 603. 96	1 107. 47
利息支出	66. 60	67. 62	40. 89
EBIT	3 851. 69	1 992. 61	1 439. 00
折旧	158. 22	121. 88	108. 48
摊销	108. 54	133. 50	40. 58
EBITDA	4 118. 45	2 247. 99	1 588. 06

根据可比公司乘数计算结果，我们采用评估基准日 2009 年 12 月 31 日神州新桥营业收入、EBIT、EBITDA 分别计算神州新桥在评估基准日的隐含价值区间（见表 5—24）。

表 5—24

项目	EV/EBITDA（万元）		EV/EBIT（万元）		EV/营业收入（万元）	
可比公司乘数区间	16.97	19.23	19.91	24.8	0.94	1.29
神州新桥	4 118.45				3 851.69	
企业价值（EV）	69 895.22	79 181.42	76 692.22	95 514.14	23 808.09	32 613.90
合计付息负债	3 000		3 000		3 000	
抵扣货币资金*	3 000		3 000		3 000	
经营性权益价值	69 895.22	79 181.42	76 692.22	95 514.14	23 808.09	32 613.90

* 根据评估说明溢余货币资金为 3 825.36 万元，这里考虑与付息负债抵消 3 000.00 万元，其余作为溢余资产加回。

考虑到神舟新桥属于信息技术服务商，息税前收益和息税折旧摊销前收益可以在减少资本结构影响的基础上最大限度地减少由于企业折旧/摊销政策不同所可能带来的影响。因此我们采用 EBITDA 乘数、EBIT 乘数更能反映企业价值，故采用上述乘数作为估值乘数。

考虑到我国资本市场的发育程度，可比公司为上市公司，具有较强的流动性，神州新桥还没有上市流通，根据评估界、投行界的共识，应在可比公司法估值结果上给予一定的流动性折扣。根据同花顺、CVSource 提供的数据，目前非上市公司并购市盈率与上市公司市盈率比较估算缺少流动性折扣率 2013 年信息技术行业为 63.80%。我们取 63.80%作为折扣率；同时考虑到可比公司的股权价值实际上是利用可比公司的成交均价计算得出的，只是少量在市面流通的股权进行交易，并不能代表全部股东权益价值，所以我们计算的上述神州新桥的股权价值实际上是包含了少数股权控制权折扣的，因此考虑同样利用国内较新的少数股权控制权折扣率的方式计算，根据 CVSource 提供的数据统计，自 2013 年市场交易案例中平均折扣率为 25.00%，即：

折价后股权价值＝直接测算股权价值/(1－少数股权控制权折扣率)

计算出的神州新桥的隐含价值区间见表 5—25。

表 5—25

经营性资产权益价值（万元）	69 895.22	79 181.42	76 692.22	95 514.14
缺少流动性折扣率	63.80%	63.80%	63.80%	63.80%
缺少流动性折扣后价值（万元）	25 302.07	28 663.67	27 762.58	34 576.12
缺少控制权折扣率	25.00%	25.00%	25.00%	25.00%
经营性资产调整后权益价值（万元）	33 736.09	38 218.23	37 016.78	46 101.49
权益价值（万元）	34 989.66	39 471.80	38 270.35	47 355.06

同时最终的权益价值在经营性资产调整后权益价值基础上，应增加溢余资产——货币资金 825.26 万元和长期投资 428.21 万元。为此，采用可比公司法评估神州新桥在 2009 年 12 月 31 日的隐含价值，不同的乘数得出的估值交集为 38 270.35 万元～39 471.80 万元，即隐含价值区间为 3.83 亿元～3.95 亿元。

（四）可比公司法估值结果与收益法评估结果的分析验证

如前所述，中铭国际评估公司出具的评估报告收益法评估结果为 34 675.44万元，他们使用的综合贴现率为 12.32%。

我们按照上下 1%的贴现率变动，对神州新桥收益法评估值进行敏感性分析，神州新桥评估值变动区间为 3.19 亿元～3.80 亿元。可比公司法估值与收益法估值差异情况如图 5—2 所示。

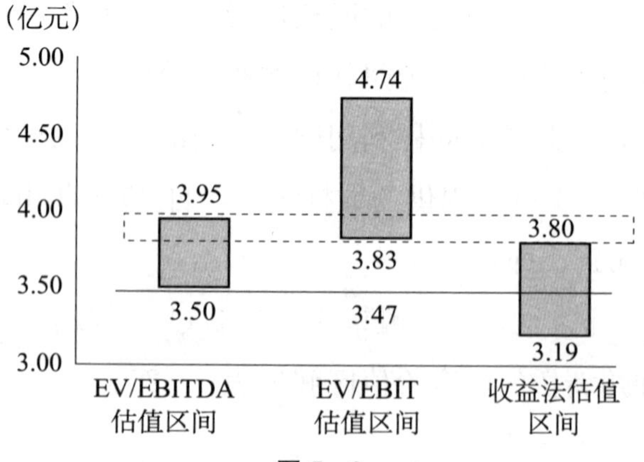

图 5—2

虚线框内区域为可比公司法不同乘数交集部分，交集为 3.83 亿元～3.95 亿元。

由图 5—2 可以看出，采用可比公司法得出的神州新桥的隐含价值区间略高于收益法评估值区间，但差异较小。

根据北京兴华会计师事务所有限责任公司出具的盈利预测实现情况专项审核报告，神州新桥 2010—2012 年盈利承诺实现情况如表 5—26 所示。

表 5—26　　单位：万元

项目	2010 年	2011 年	2012 年
盈利承诺数	3 840.00	4 608.00	4 608.00
实现数	4 164.37	4 862.00	4 796.77
差异	324.37	254.00	188.77
实现率	108.45%	105.51%	104.10%

由以上阐述不难看出，收益法评估是针对未来收益进行预测，并以适当的贴现率进行贴现而得到的评估值，未来预测对于评估值的影响很大；同时评估机构在计算贴现现金流时，考虑了现金流在年末贴现而不是按照评估行业惯例考虑现金流均匀流入，应采用年中贴现，所以，当时的评估略显低估。为此，我们对收益法结果进行了简单重新估计，考虑以下调整因素：

（1）对于基准日后 3 年的企业自由净现金流在预测数的基础上增加承诺数和差异部分，2013 年及以后按照平均差异率 6%来考虑未来的企业自由净现金流；

（2）同时按照年中贴现的方式计算现值；

（3）最后根据不同的贴现率的变动进行评估值的敏感性分析。

重估后的收益法估值区间应为 3.60 亿元～4.25 亿元（见图 5—3）。

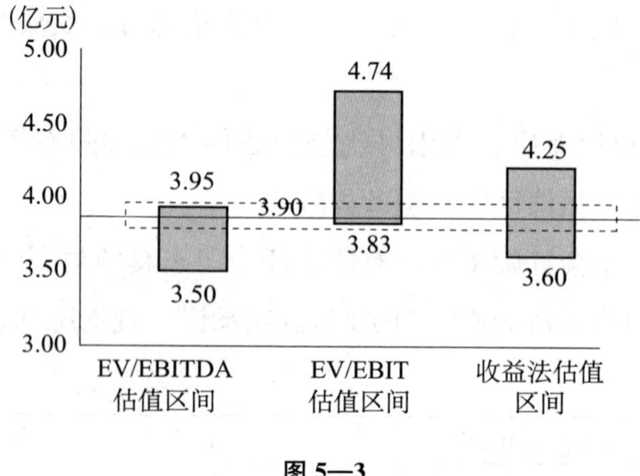

图 5—3

由图 5—3 可以明显看出，采用收益法和可比公司法对神州新桥形成的隐含价值区间的交集为 3.83 亿元～3.95 亿元，同时重估后的神州新桥的收益法结果恰好落在这个区间内，两种方法的估值得到了很好的验证。

（五）案例点评

首先，通过本次收购，上市公司东软软件获取神州新桥的网络应用服务、系统集成等相关业务及人才队伍，使公司对金融业客户的服务领域得到扩大，公司的系统集成业务得到进一步发展，系统集成优势明显巩固，重组完成后上市公司与标的企业的协同效应很快得到显现。但是，在当时，神州新桥作为典型的轻资产、高成长型的科技企业，采用资产基础法和收益法评估，并尝试相互验证，结果得不到有交集的价值区间，使采用两种方法相互验证的规定要求流于形式，而我们采用可比公司法和收益法进行重估并验证，交集十分明显，估值结果作为定价依据具有很强的说服力。

其次，根据盈利预测实现情况和专项审核报告，神州新桥 2010—2012 年标的企业盈利承诺分别为 3 840.00 万元、4 608.00 万元、

4 608.00 万元；实际完成数分别为 4 164.37 万元、4 862.00 万元和 4 796.77 万元，分别高出 8.45%、5.51%和 4.10%。这足以说明，上市公司和评估机构对未来的预测遵循了谨慎性原则，收益法在并购重组中的运用是恰当的。

最后，在现阶段运用可比公司法的确需要考虑流动性折扣和控制权溢价因素，上例如果不考虑这些因素，收益法和可比公司法的评估结果的交集就过宽、过大，作为定价基础的估值就失去意义。

三、佳都新太收购新科佳都

佳都新太（600728）向堆龙佳都、刘伟定向发行股份及支付现金购买其合计持有的广州新科佳都科技有限公司（以下简称“新科佳都”）100%股权，同时，佳都新太拟向不超过 10 名特定投资者非公开发行股份募集配套资金用于满足系统集成商品销售业务运营资金和智能化轨道交通业务运营资金需求。经交易双方充分协商，拟收购资产的交易价格以沃克森（北京）国际资产评估有限公司（以下简称“沃克森”）出具的评估报告所确定的评估值为依据。中国证监会以“证监许可［2013］1459 号文”核准了本次交易。基本情况如下：

（一）新科佳都基本情况

1. 主营业务情况

新科佳都是国内领先的智能化产品和解决方案服务商，业务涉及轨道交通智能化、智能化产品集成。

（1）轨道交通智能化。

新科佳都主要从事轨道交通智能化系统的研发、集成和销售，目前主要产品包括城市轨道交通自动售检票系统、综合监控系统和月台屏蔽门系统三大智能化系统。作为国内主要的轨道交通智能化解决方案提供商之一，新科佳都自成立以来就从事轨道交通智能化系统的研发、集成和销售业务，致力于为国内轨道交通建设提供智能化支持，为提高轨道交通便利性，促进城市交通运载能力的发展服务。

（2）智能化产品集成。

新科佳都从事的智能化产品集成业务主要包括网络设备产品集成和视频监控设备产品集成。轨道交通智能化系统的主要业务领域为地铁领域，涵盖以下三大专业领域：①自动售检票系统；②综合监控系统；③月台屏蔽门系统。新科佳都公司主要从事智能化系统相关软件的研发和核心模块的设计，并不具体从事智能化系统专用硬件设备的生产。新科佳都公司的产品集成业务涵盖以下两大专业领域：①网络设备集成；②视频监控设备集成。

2. 新科佳都主要财务情况

新科佳都 2011 年、2012 年及 2013 年 1—6 月资产负债及经营情况如表 5—27 及表 5—28 所示。

表 5—27　　资产负债状况　　单位：万元

资产	2013 年 6 月 30 日	2012 年 12 月 31 日	2011 年 12 月 31 日
流动资产合计	66 622.07	83 779.58	16 503.92
非流动资产合计	289.69	224.60	97.88
资产总计	66 911.75	84 004.18	16 601.80
流动负债合计	54 482.44	69 744.98	10 834.06
非流动负债合计	4 042.60	3 810.60	1 087.50
负债合计	58 525.04	73 555.58	11 921.56
股东权益合计	8 386.71	10 448.60	4 680.24
负债和股东权益总计	66 911.75	84 004.18	16 601.80

表 5—28　　收入利润情况　　单位：万元

项目	2013 年 1—6 月	2012 年度	2011 年度
一、营业总收入	55 505.05	75 750.88	12 067.19
二、营业总成本	53 167.05	70 363.91	11 911.29
三、营业利润	2 338.00	5 386.97	155.90
四、利润总额	2 338.12	5 768.36	423.42
减：所得税费用	—	—	—
五、净利润	2 338.12	5 768.36	423.42

注：上表数据已由天职国际会计师事务所进行审计，并出具有天职穗 ZH［2013］110 号和天职业字［2013］154 号无保留意见的审计报告。

（二）新科佳都资产评估情况

沃克森评估公司分别采用了资产基础法和收益法两种方法对新科佳都股东全部权益进行评估，得出新科佳都股东全部权益价值在 2013 年 6 月 30 日的评估结论如下：

1. 资产基础法评估情况

新科佳都在评估基准日有：资产总额账面值 84 529.35 万元，评估值 87 365.14万元，评估增值 2 835.79 万元，增值率 3.35%；负债总额账面值 73 618.08 万元，评估值 73 618.08 万元，评估值与账面值无差异；净资产账面值 10 911.27 万元，评估值 13 747.06 万元，评估增值 2 835.79 万元，增值率 25.99%。

截至 2012 年 12 月 31 日，新科佳都资产基础法评估结果汇总情况如表 5—29 所示。

表 5—29

单位：万元

项目		账面价值	评估价值	增减值	增值率（%）
		A	B	C=B−A	D=C/A×100
流动资产	1	83 804.97	84 429.50	624.53	0.75
非流动资产	2	724.38	2 935.64	2 211.26	305.26
其中：可供出售金融资产	3	—	—	—	—
持有至到期投资	4	—	—	—	—
长期应收款	5	—	—	—	—
长期股权投资	6	500.00	37.30	−462.70	−92.54
投资性房地产	7	—	—	—	—
固定资产	8	22.00	28.96	6.96	31.64
在建工程	9	—	—	—	—
工程物资	10	—	—	—	—
固定资产清理	11	—	—	—	—
生产性生物资产	12	—	—	—	—
油气资产	13	—	—	—	—
无形资产	14	—	2 667.00	2 667.00	—
其中：土地使用权	15	—	—	—	—
开发支出	16	173.24	173.24	—	—
商誉	17	—	—	—	—
长期待摊费用	18	29.14	29.14	—	—
递延所得税资产	19	—	—	—	—
其他非流动资产	20	—	—	—	—
资产总计	21	84 529.35	87 365.14	2 835.79	3.35
流动负债	22	69 807.48	69 807.48	—	—
非流动负债	23	3 810.60	3 810.60	—	—
负债总计	24	73 618.08	73 618.08	—	—
净资产	25	10 911.27	13 747.06	2 835.79	25.99

2. 新科佳都收益法评估情况

采用收益法对新科佳都的股东全部权益的评估值为 99 560.96 万元，评估值较账面净资产 10 911.27 万元增值 88 649.69 万元，增值率为 812.46%（见表 5—30）。

表 5—30　**收益法评估结果汇总表(评估基准日:2012 年 12 月 31 日)**　单位:万元

被评估单位:广州新科佳都科技有限公司

项目	历史年期			预测年期					
	2010 年度	2011 年度	2012 年度	2013 年度	2014 年度	2015 年度	2016 年度	2017 年度	稳定年度
企业自由现金流量	−2 022.72	−669.58	1 496.53	6 313.21	3 753.37	6 280.96	11 564.59	12 343.41	12 019.21
贴现率(WACC)*				11.62% 12.00%	11.62% 12.00%	11.62% 12.00%	11.62% 12.00%	11.62% 12.00%	11.62% 12.00%
贴现年限				0.50	1.50	2.50	3.50	4.50	5.50
企业自由现金流现值				5 970.04	3 166.37	4 742.32	7 829.35	7 472.49	61 629.24**
企业自由现金流现值和	90 809.81								
加:溢余资产	18 646.18								
其中:长期股权投资	0.00								
其他	18 646.18								
减:溢余负债	1 094.10								
加(减):非经营资产负债净值	0.00								
减:付息负债	8 800.93								
企业全部股权价值	99 560.96								

* 评估师按不同业务分别计算贴现率:轨道交通智能化系统业务的贴现率为 11.62%，产品集成业务的贴现率为 12.00%。

** 永续期贴现值系将永续年度现金流年金化至预测期末，再将其贴现至基准日。

（三）可比公司法重估新科佳都股权价值

1. 选取可比公司群

根据同花顺提供的数据，本着所选取的样本公司应具有较强的可比性的原则，初步选取标准如下：截至 2012 年 12 月 31 日，按照证监会新行业分类，所属软件和信息技术服务业上市公司共 100 家。新科佳都 2010—2012 年营业收入主要来源于集成收入和技术服务收入，可比公司选取标准为与新科佳都主营业务最为接近的公司，共计 12 家（见表 5—31）。

表 5—31

单位：万元

证券代码	证券名称	扣非后的 EBITDA 2010	扣非后的 EBITDA 2011	扣非后的 EBITDA 2012
002268. SZ	卫士通	7 982. 06	10 132. 74	1 084. 00
002331. SZ	皖通科技	4 610. 31	4 917. 08	7 275. 27
300010. SZ	立思辰	7 676. 97	10 688. 67	6 406. 16
300020. SZ	银江股份	7 037. 83	10 303. 22	14 218. 85
300150. SZ	世纪瑞尔	7 292. 72	9 285. 89	4 982. 17
300212. SZ	易华录	4 264. 32	6 853. 63	10 717. 53
300300. SZ	汉鼎股份	3 253. 06	5 431. 30	6 455. 01
300302. SZ	同有科技	3 765. 02	4 904. 15	2 695. 59
600446. SH	金证股份	5 689. 09	7 304. 79	8 716. 22
600718. SH	东软集团	61 862. 40	54 502. 01	61 101. 70
600756. SH	浪潮软件	4 194. 48	2 011. 05	4 990. 63
600764. SH	中电广通	5 033. 96	9 437. 21	7 540. 67
600797. SH	浙大网新	15 695. 17	17 671. 92	10 609. 29
证券代码	证券名称	营业收入 2010 年	营业收入 2011 年	营业收入 2012 年
002268. SZ	卫士通	37 812. 56	50 835. 90	31 742. 97
002331. SZ	皖通科技	29 022. 98	47 460. 33	66 094. 46
300010. SZ	立思辰	44 942. 85	54 093. 23	52 259. 70
300020. SZ	银江股份	71 303. 75	102 981. 36	146 096. 79
300150. SZ	世纪瑞尔	23 401. 08	30 009. 01	23 145. 93
300212. SZ	易华录	26 300. 43	40 806. 10	55 463. 59
300300. SZ	汉鼎股份	17 299. 37	33 342. 87	40 314. 50

300302. SZ	同有科技	20 972. 25	23 659. 00	20 099. 06
600446. SH	金证股份	158 636. 37	180 620. 69	188 301. 31
600718. SH	东软集团	493 769. 64	575 124. 93	696 019. 50
600756. SH	浪潮软件	44 841. 85	55 409. 00	71 649. 12
600764. SH	中电广通	122 142. 99	130 584. 57	133 192. 90
600797. SH	浙大网新	554 805. 87	587 326. 86	498 491. 63
证券代码	证券名称	总资产报酬率 2010 年年报（%）	总资产报酬率 2011 年年报（%）	总资产报酬率 2012 年年报（%）
002268. SZ	卫士通	13. 05	14. 50	1. 24
002331. SZ	皖通科技	8. 20	7. 27	7. 34
300010. SZ	立思辰	8. 72	10. 60	5. 30
300020. SZ	银江股份	6. 50	6. 94	7. 66
300150. SZ	世纪瑞尔	8. 02	6. 11	3. 14
300212. SZ	易华录	10. 90	9. 47	7. 96
300300. SZ	汉鼎股份	19. 91	23. 20	10. 93
300302. SZ	同有科技	25. 45	23. 45	6. 76
600446. SH	金证股份	5. 94	6. 41	7. 53
600718. SH	东软集团	8. 53	6. 86	7. 16
600756. SH	浪潮软件	2. 58	0. 80	3. 30
600764. SH	中电广通	2. 03	5. 22	7. 20
600797. SH	浙大网新	3. 96	5. 21	2. 20

资料来源：同花顺 iFinD。

2. 可比公司财务数据统计及估值指标计算

我们通过 Excel 中同花顺插件筛选可比公司。在同花顺嵌入模块的“自助报表”中，可以找到可比公司的主营业务构成及其排名信息。可以通过提取主营业务构成并分析主营业务排名，锁定与新科佳都业务最为接近的可比公司群。新科佳都可比公司 2012 年主营业务构成以及基本信息如表 5—32 和表 5—33 所示。

3. 搜集可比公司财务数据

在同花顺 iFinD 中提取可比公司 2010—2012 年的前复权均价，乘以相应的股本，得出可比公司股权价值。可比公司前复权均价以及股本信息见表 5—34。

表 5—32

单位:万元

证券代码	可比公司名称	主营构成——项目名称（第 1 名）	主营构成——项目收入（第 1 名）	主营构成——项目名称（第 2 名）	主营构成——项目收入（第 2 名）
002268. SZ	卫士通	信息安全行业	31 710. 09		0. 00
002331. SZ	皖通科技	交通行业	50 285. 65	政府部门	8 709. 11
300010. SZ	立思辰	信息技术服务业	52 259. 70		0. 00
300020. SZ	银江股份	信息技术服务业	145 660. 80		0. 00
300150. SZ	世纪瑞尔	铁路行业	19 922. 89	电力行业	1 595. 68
300212. SZ	易华录	智能交通	55 463. 59		0. 00
300300. SZ	汉鼎股份	信息技术服务业	39 832. 40		0. 00
300302. SZ	同有科技	软件及信息技术服务	20 069. 28		0. 00
600446. SH	金证股份	信息技术	186 261. 30		0. 00
600718. SH	东软集团	系统集成、软件产品销售、软件定制及其他劳务	597 504. 80	医疗系统业务	89 361. 71
600756. SH	浪潮软件	软件及系统集成	71 649. 12		0. 00
600764. SH	中电广通	计算机系统集成与分销	109 900. 15	集成电路制造	20 727. 15
600797. SH	浙大网新	网络设备与终端	341 982. 42	软件外包与服务	157 368. 50

表 5—33

证券代码	证券名称	净资产 2012 年(万元)	营业收入 2012 年报(万元)	收盘价 2012 年 12 月 31 日 (元/股)	区间最高价 2011 年 12 月 31 日—2012 年 12 月 31 日(元/股)	收盘价占过去 52 周最高价 比率(%)
002268. SZ	卫士通	45 621. 31	31 742. 97	9. 73	17. 29	56
002331. SZ	皖通科技	65 692. 84	66 094. 46	11. 12	13. 65	81
300010. SZ	立思辰	72 832. 39	52 259. 70	6. 07	11. 26	54
300020. SZ	银江股份	79 774. 45	146 096. 79	12. 78	15. 20	84
300150. SZ	世纪瑞尔	138 601. 23	23 145. 93	14. 10	20. 45	69
300212. SZ	易华录	74 439. 99	55 463. 59	30. 42	37. 91	80
300300. SZ	汉鼎股份	58 072. 24	40 314. 50	26. 99	29. 58	91
300302. SZ	同有科技	46 537. 09	20 099. 06	20. 96	30. 41	69
600446. SH	金证股份	51 604. 59	188 301. 31	6. 68	7. 76	86
600718. SH	东软集团	424 215. 45	696 019. 50	7. 69	9. 45	81
600756. SH	浪潮软件	74 085. 40	71 649. 12	8. 37	14. 20	59
600764. SH	中电广通	48 918. 13	133 192. 90	5. 23	7. 82	67
600797. SH	浙大网新	139 892. 34	498 491. 63	4. 32	5. 94	73

表 5—34

证券代码	证券名称	2010 年区间成交均价	2010 年末总股本	股权价值 2010-12-31	2011 年区间成交均价	2011 年末总股本	股权价值 2011-12-31	2012 年区间成交均价	2012 年末总股本	股权价值 2012-12-31
单位		元/股	万股	万元	元/股	万股	万元	元/股	万股	万元
002268. SZ	卫士通	18. 68	13 285. 54	248 122. 14	18. 37	17 271. 21	317 254. 79	12. 54	17 271. 21	216 629. 29
002331. SZ	皖通科技	11. 28	7 141. 16	80 555. 24	9. 24	13 391. 04	123 786. 76	7. 48	13 391. 04	100 155. 60
300010. SZ	立思辰	12. 97	15 772. 50	204 512. 54	13. 96	23 658. 75	330 207. 54	7. 76	26 086. 73	202 560. 88
300020. SZ	银江股份	16. 50	16 000. 00	264 003. 20	14. 49	24 000. 00	347 848. 80	11. 50	24 000. 00	275 944. 80
300150. SZ	世纪瑞尔	25. 54	13 500. 00	344 769. 75	14. 26	13 500. 00	192 477. 60	8. 09	13 500. 00	109 231. 20
300212. SZ	易华录	0. 00	0. 00	0. 00	8. 65	6 700. 00	57 986. 49	12. 80	13 400. 00	171 487. 84
300300. SZ	汉鼎股份	0. 00	0. 00	0. 00	0. 00	0. 00	0. 00	10. 34	8 700. 00	89 949. 30
300302. SZ	同有科技	0. 00	0. 00	0. 00	0. 00	0. 00	0. 00	25. 26	6 000. 00	151 548. 00
600446. SH	金证股份	6. 93	13 744. 00	95 197. 82	7. 20	26 113. 60	188 030. 98	6. 57	26 113. 60	171 673. 42
600718. SH	东软集团	16. 92	122 759. 42	2 077 470. 02	11. 26	122 759. 42	1 382 246. 57	8. 14	122 759. 42	999 544. 06
600756. SH	浪潮软件	10. 06	18 583. 15	186 965. 09	9. 40	18 583. 15	174 733. 66	8. 50	27 874. 73	237 007. 66
600764. SH	中电广通	8. 53	32 972. 70	281 105. 44	9. 16	32 972. 70	301 901. 32	6. 23	32 972. 70	205 525. 42
600797. SH	浙大网新	7. 53	81 304. 35	612 579. 49	7. 19	84 200. 85	605 597. 77	4. 88	84 200. 85	410 605. 44

4. 计算可比公司企业价值

根据上一步得出的可比公司股权价值，计算可比公司2010—2012年的企业价值：

企业价值＝股权价值＋付息负债＋少数股东权益－现金及现金等价物

新科佳都可比公司2010年企业价值计算如表5—35所示。

表5—35　　单位：万元

证券代码	证券名称	股权价值	付息负债	少数股东权益	期末现金及现金等价物余额	企业价值
002268.SZ	卫士通	248 122.14	138.55	513.89	35 265.62	213 508.96
002331.SZ	皖通科技	80 555.14	350.67	0.00	32 791.92	48 113.90
300010.SZ	立思辰	204 512.54	6 016.09	913.33	25 426.12	186 015.84
300020.SZ	银江股份	264 003.20	5 035.33	0.00	34 386.23	234 652.31
300150.SZ	世纪瑞尔	344 769.75	2 503.99	0.00	130 934.39	216 339.35
300212.SZ	易华录	0.00	25 100.00	50.37	5 969.25	19 181.11
300300.SZ	汉鼎股份	0.00	230.83	－27.11	11 256.88	－11 053.16
300302.SZ	同有科技	0.00	500.89	3.39	10 655.40	－10 151.12
600446.SH	金证股份	95 197.82	800.00	947.97	30 308.52	66 637.26
600718.SH	东软集团	2 077 470.02	57 213.22	2 262.73	168 797.91	1 968 148.05
600756.SH	浪潮软件	186 965.09	1 114.58	－8.77	41 085.10	146 985.80
600764.SH	中电广通	281 105.44	48 585.50	302.03	29 045.88	300 947.09
600797.SH	浙大网新	612 579.49	138 977.83	767.04	81 597.49	670 726.88

新科佳都可比公司2011年企业价值计算如表5—36所示。

表5—36　　单位：万元

证券代码	证券名称	股权价值	付息负债	少数股东权益	期末现金及现金等价物余额	企业价值
002268.SZ	卫士通	317 254.79	138.55	325.46	36 624.99	281 093.81
002331.SZ	皖通科技	123 786.76	1 244.02	18.31	33 268.34	91 780.74
300010.SZ	立思辰	330 207.54	8 851.54	648.48	13 075.90	326 631.66
300020.SZ	银江股份	347 848.80	12 852.69	58.05	29 606.28	331 153.26
300150.SZ	世纪瑞尔	192 477.60	2 351.78	0.00	115 718.54	79 110.84
300212.SZ	易华录	57 986.49	23 263.68	251.16	35 122.74	46 378.59
300300.SZ	汉鼎股份	0.00	3 676.81	0.00	6 145.28	－2 468.47

续前表

证券代码	证券名称	股权价值	付息负债	少数股东权益	期末现金及现金等价物余额	企业价值
300302.SZ	同有科技	0.00	500.90	1.83	12 202.32	−11 699.59
600446.SH	金证股份	188 030.98	0.00	941.09	29 304.16	159 667.90
600718.SH	东软集团	1 382 246.57	106 123.99	647.66	173 670.69	1 315 347.52
600756.SH	浪潮软件	174 733.66	1 903.61	20.65	36 286.70	140 371.22
600764.SH	中电广通	301 901.32	41 181.97	692.66	20 210.83	323 565.13
600797.SH	浙大网新	605 597.77	135 505.09	1 340.75	79 827.77	662 615.84

新科佳都可比公司 2012 年企业价值计算如表 5—37 所示。

表 5—37　　单位：万元

证券代码	证券名称	股权价值	付息负债	少数股东权益	期末现金及现金等价物余额	企业价值
002268.SZ	卫士通	216 629.29	300.77	−817.01	38 612.50	177 500.56
002331.SZ	皖通科技	100 155.60	2 970.87	189.98	34 466.97	68 849.48
300010.SZ	立思辰	202 560.88	7 500.64	554.90	14 603.38	196 013.04
300020.SZ	银江股份	275 944.80	30 474.83	−160.54	42 949.49	263 309.61
300150.SZ	世纪瑞尔	109 231.20	977.20	0.00	109 515.33	693.08
300212.SZ	易华录	171 487.84	33 738.08	280.24	24 790.19	180 715.97
300300.SZ	汉鼎股份	89 949.30	1 344.69	107.68	31 770.08	59 631.59
300302.SZ	同有科技	151 548.00	0.00	0.00	36 544.92	115 003.08
600446.SH	金证股份	171 673.42	1 200.97	1 230.11	22 845.88	151 258.62
600718.SH	东软集团	999 544.06	110 660.14	−2 054.50	208 819.93	899 329.77
600756.SH	浪潮软件	237 007.66	1 840.16	−31.69	35 729.52	203 086.61
600764.SH	中电广通	205 525.42	45 038.25	659.98	16 765.82	234 457.84
600797.SH	浙大网新	410 605.44	131 067.66	1 259.95	64 475.86	478 457.19

在同花顺 iFinD 中可以直接提取 EBITDA 的数据，但其中包含了可比公司的非经常损益，我们比较的基础应是扣除非经常损益影响的 EBITDA。

调整公式为：

扣除非经常性损益后的 EBITDA＝EBITDA－非经常性损益

调整过程如表 5—38 至表 5—40 所示。

表 5—38　　新科佳都可比公司 2010 年扣非后的 EBITDA　　单位：万元

证券代码	证券名称	EBITDA	非经常性损益	扣非后的 EBITDA
002268. SZ	卫士通	8 324.20	342.14	7 982.06
002331. SZ	皖通科技	4 776.94	166.63	4 610.31
300010. SZ	立思辰	7 891.12	214.16	7 676.97
300020. SZ	银江股份	7 683.99	646.16	7 037.83
300150. SZ	世纪瑞尔	7 381.42	88.70	7 292.72
300212. SZ	易华录	5 098.80	834.49	4 264.32
300300. SZ	汉鼎股份	3 690.29	437.23	3 253.06
300302. SZ	同有科技	3 779.42	14.40	3 765.02
600446. SH	金证股份	6 203.27	514.18	5 689.09
600718. SH	东软集团	74 610.35	12 747.94	61 862.40
600756. SH	浪潮软件	4 324.62	130.14	4 194.48
600764. SH	中电广通	5 669.29	635.34	5 033.96
600797. SH	浙大网新	21 308.08	5 612.91	15 695.17

表 3—39　　新科佳都可比公司 2011 年扣非后的 EBITDA　　单位：万元

证券代码	证券名称	EBITDA	非经常性损益	扣非后的 EBITDA
002268. SZ	卫士通	11 238.32	1 105.58	10 132.74
002331. SZ	皖通科技	5 721.11	804.03	4 917.08
300010. SZ	立思辰	11 144.56	455.89	10 688.67
300020. SZ	银江股份	10 592.42	289.20	10 303.22
300150. SZ	世纪瑞尔	9 336.54	50.64	9 285.89
300212. SZ	易华录	8 301.70	1 448.06	6 853.63
300300. SZ	汉鼎股份	6 498.05	1 066.69	5 431.36
300302. SZ	同有科技	4 933.57	29.42	4 904.15
600446. SH	金证股份	7 836.39	531.59	7 304.79
600718. SH	东软集团	67 528.15	13 026.14	54 502.01
600756. SH	浪潮软件	2 095.59	84.55	2 011.05
600764. SH	中电广通	9 743.92	306.71	9 437.21
600797. SH	浙大网新	28 211.71	10 539.79	17 671.92

表 5—40　　新科佳都可比公司 2012 年扣非后的 EBITDA　　单位：万元

证券代码	证券名称	EBITDA	非经常性损益	扣非后的 EBITDA
002268. SZ	卫士通	1 988. 38	904. 38	1 084. 00
002331. SZ	皖通科技	8 359. 07	1 083. 80	7 275. 27
300010. SZ	立思辰	7 668. 97	1 262. 82	6 406. 16
300020. SZ	银江股份	15 106. 35	887. 50	14 218. 85
300150. SZ	世纪瑞尔	5 066. 89	84. 73	4 982. 17
300212. SZ	易华录	11 263. 53	546. 00	10 717. 53
300300. SZ	汉鼎股份	6 790. 81	335. 80	6 455. 01
300302. SZ	同有科技	2 750. 59	55. 00	2 695. 59
600446. SH	金证股份	10 136. 65	1 420. 43	8 716. 22
600718. SH	东软集团	74 779. 39	13 677. 69	61 101. 70
600756. SH	浪潮软件	5 343. 82	353. 19	4 990. 63
600764. SH	中电广通	11 688. 28	4 147. 61	7 540. 67
600797. SH	浙大网新	14 731. 54	4 122. 25	10 609. 29

5. 计算可比公司估值交易乘数

我们计算可比公司企业价值的方式为：

$$\text{企业价值} = \text{股权价值} + \text{付息负债} + \text{非控股的权益} - \text{现金及现金等价物}$$

式中，股权价值为可比公司的年报日的总股本乘以区间内的前复权的成交均价。其余数据均来源于可比公司当年财报数据。

所选择收益类参数为扣非调整后的 EBITDA、EBIT 和销售收入，具体的交易乘数为：

• 可比公司企业价值与息税前收益乘数（EV/EBIT）。

• 可比公司企业价值与息税折旧摊销前收益乘数（EV/EBITDA）。

• 可比公司企业价值与销售收入乘数（EV/销售收入）。

各家可比公司具体的交易乘数如表 5—41 至表 5—43 所示。

表 5—41　　新科佳都可比公司 2010 年交易乘数

证券代码	证券名称	企业价值（万元）	扣非后的 EBITDA（万元）	EV/EBITDA
002268. SZ	卫士通	213 508. 96	7 982. 06	26. 75
002331. SZ	皖通科技	48 113. 90	4 610. 31	10. 44
300010. SZ	立思辰	186 015. 84	7 676. 97	24. 23
300020. SZ	银江股份	234 652. 31	7 037. 83	33. 34
300150. SZ	世纪瑞尔	216 339. 35	7 292. 72	29. 67
300212. SZ	易华录	19 181. 11	4 264. 32	4. 50
300300. SZ	汉鼎股份	—11 053. 16	3 253. 06	—3. 40
300302. SZ	同有科技	—10 151. 12	3 765. 02	—2. 70
600446. SH	金证股份	66 637. 26	5 689. 09	11. 71
600718. SH	东软集团	1 968 148. 05	61 862. 40	31. 81
600756. SH	浪潮软件	146 985. 80	4 194. 48	35. 04
600764. SH	中电广通	300 947. 09	5 033. 96	59. 78
600797. SH	浙大网新	670 726. 88	15 695. 17	42. 73

表 5—42　　新科佳都可比公司 2011 年交易乘数

证券代码	证券名称	企业价值 2011-12-31（万元）	扣非后的 EBITDA 2011 年（万元）	EV/EBITDA 2011 年
002268. SZ	卫士通	281 093. 81	10 132. 74	27. 74
002331. SZ	皖通科技	91 780. 74	4 917. 08	18. 67
300010. SZ	立思辰	326 631. 66	10 688. 67	30. 56
300020. SZ	银江股份	331 153. 26	10 303. 22	32. 14
300150. SZ	世纪瑞尔	79 110. 84	9 285. 89	8. 52
300212. SZ	易华录	46 378. 59	6 853. 63	6. 77
300300. SZ	汉鼎股份	—2 468. 47	5 431. 36	—0. 45
300302. SZ	同有科技	—11 699. 59	4 904. 15	—2. 39
600446. SH	金证股份	159 667. 90	7 304. 79	21. 86
600718. SH	东软集团	1 315 347. 52	54 502. 01	24. 13
600756. SH	浪潮软件	140 371. 22	2 011. 05	69. 80
600764. SH	中电广通	323 565. 13	9 437. 21	34. 29
600797. SH	浙大网新	662 615. 84	17 671. 92	37. 50

表 5—43 **新科佳都可比公司 2012 年交易乘数**

证券代码	证券名称	企业价值 2012 年 12 月 31 日 （万元）	扣非后的 EBITDA 2012 年（万元）	EV/EBITDA 2012 年
002268. SZ	卫士通	177 500. 56	1 084. 00	163. 75
002331. SZ	皖通科技	68 849. 48	7 275. 27	9. 46
300010. SZ	立思辰	196 013. 04	6 406. 16	30. 60
300020. SZ	银江股份	263 309. 61	14 218. 85	18. 52
300150. SZ	世纪瑞尔	693. 08	4 982. 17	0. 14
300212. SZ	易华录	180 715. 97	10 717. 53	16. 86
300300. SZ	汉鼎股份	59 631. 59	6 455. 01	9. 24
300302. SZ	同有科技	115 003. 08	2 695. 59	42. 66
600446. SH	金证股份	151 258. 62	8 716. 22	17. 35
600718. SH	东软集团	899 329. 77	61 101. 70	14. 72
600756. SH	浪潮软件	203 086. 61	4 990. 63	40. 69
600764. SH	中电广通	234 457. 84	7 540. 67	31. 09
600797. SH	浙大网新	478 457. 19	10 609. 29	45. 10

将新科佳都可比公司 2010—2012 年的交易乘数汇总，并剔除异常值（见表 5—44）。

表 5—44

证券代码	证券名称	首发上市日期	EV/EBITDA 2010 年	EV/EBITDA 2011 年	EV/EBITDA 2012 年
002268. SZ	卫士通	2008-08-11	26. 75	27. 74	163. 75
002331. SZ	皖通科技	2010-01-06	10. 44	18. 67	9. 46
300010. SZ	立思辰	2009-10-30	24. 23	30. 56	30. 60
300020. SZ	银江股份	2009-10-30	33. 34	32. 14	18. 52
300150. SZ	世纪瑞尔	2010-12-22	29. 67	8. 52	0. 14
300212. SZ	易华录	2011-05-05	4. 50	6. 77	16. 86
300300. SZ	汉鼎股份	2012-03-19	−3. 40	−0. 45	9. 24
300302. SZ	同有科技	2012-03-21	−2. 70	−2. 39	42. 66
600446. SH	金证股份	2003-12-24	11. 71	21. 86	17. 35
600718. SH	东软集团	1996-06-18	31. 81	24. 13	14. 72
600756. SH	浪潮软件	1996-09-23	35. 04	69. 80	40. 69
600764. SH	中电广通	1996-11-04	59. 78	34. 29	31. 09
600797. SH	浙大网新	1997-04-18	42. 73	37. 50	45. 10

如表 5—44 所示，根据可比公司上市时间，剔除“炒新”因素和极大或极小的可比公司交易乘数异常值后的可比公司交易乘数均值及中位数如表 5—45 所示。

表 5—45

证券代码	证券名称	EV/EBITDA 2010
002268. SZ	卫士通	26. 75
300010. SZ	立思辰	24. 23
300020. SZ	银江股份	33. 34
600446. SH	金证股份	11. 71
600718. SH	东软集团	31. 81
600756. SH	浪潮软件	35. 04
中位数		29. 28
均值		27. 15
证券代码	证券名称	EV/EBITDA 2011
002268. SZ	卫士通	27. 74
002331. SZ	皖通科技	18. 67
300010. SZ	立思辰	30. 56
300020. SZ	银江股份	32. 14
300150. SZ	世纪瑞尔	8. 52
600446. SH	金证股份	21. 86
600718. SH	东软集团	24. 13
600764. SH	中电广通	34. 29
600797. SH	浙大网新	37. 50
中位数		27. 74
均值		26. 16
证券代码	证券名称	EV/EBITDA 2012
002331. SZ	皖通科技	9. 46
300010. SZ	立思辰	30. 60
300020. SZ	银江股份	18. 52
300212. SZ	易华录	16. 86
600446. SH	金证股份	17. 35
600718. SH	东软集团	14. 72
600764. SH	中电广通	31. 09
中位数		17. 35

3 年数据分析后整体乘数均值及中位数如表 5—46 所示。

表 5—46

中位数	25.49
均值	24.40

考虑到息税折旧摊销前收益可以在减少资本结构影响的基础上最大限度地减少由于企业折旧/摊销政策不同所可能带来的影响，因此，我们采用 EV/EBITDA 乘数作为估值乘数。所选择的乘数区间见表 5—47。

表 5—47

可比公司 EV/EBITDA	
24.40	25.49

根据上文的介绍可知，采用可比公司法评估企业价值时，我们所选用的可比公司为上市公司，其股权（股票）是可以在二级市场交易的，具有较强的流动性，而新科佳都还没有上市流通，所以在可比公司法估值结果上给予一定的流动性折扣。根据上 章的介绍，2013 年信息技术行业的流动性折扣率为 63.80%，整体市场综合折扣率为 42.7%。由于 2013 年资本市场针对信息技术行业给予了较高的估值预期，我们综合考虑以 50%作为折扣率；同样根据上一章的介绍，由于利用可比公司估值时，计算可比公司股权价值时采用了流通股的股价，因此应当考虑少数股权折价，根据 CVSource 提供的数据统计，自 2013 年市场交易案例中平均折扣率为 25.00%，即：

折价后股权价值＝直接测算股权价值/(1－少数股权控制权折扣率)

股权价值＝企业价值－少数股东权益－付息负债＋现金及现金等价物

表 5—48 显示，通过可比公司法计算出的新科佳都评估基准日的股权价值区间为 102 801.33 万元～107 133.06 万元。

表 5—48

可比公司交易乘数	24.37	24.79
新科佳都 EBITDA（万元）	5 961.10	5 961.10
新科佳都溢余资产（万元）	18 646.18	18 646.18
新科佳都溢余负债（万元）	1 094.10	1 094.10
新科佳都企业价值（万元）	163 002.92	169 500.52
新科佳都付息负债（万元）	8 800.93	8 800.93
新科佳都少数股东权益	—	—
新科佳都现金及现金等价物（万元）	0	0
新科佳都股权价值（万元）	154 201.99	160 699.59
考虑流动性折扣（50%）后（万元）	77 101.00	80 349.79
考虑控制权溢价（25%）后（万元）	102 801.33	107 133.06

（四）可比公司法估值结果与收益法评估结果的分析验证

如前所述，用收益法评估的新科佳都股权价值为绝对值 99 560.96 万元，由于上市公司未能公布具体资产评估技术说明，我们无法区分清楚其现金流贴现时，不同业务所分别采用的分配比例是多少，因此我们按照评估公司所采用的贴现率按照统一上下浮动 1.0%左右进行敏感性分析，计算出收益法的评估值范围为 9.16 亿元～11.34 亿元（见表 5—49）。

表 5—49

标的公司 \ 贴现率变动值	10.50%	11.00%	11.62%/12.0%	12.50%	13.00%
新科佳都（万元）	113 396.14	108 227.01	99 560.96	95 243.60	91 594.88

将可比公司法与收益法的估值区间放到一起比较，我们可以发现双方的交集区间为 10.28 亿元～10.71 亿元，略高于收益法的估值结论（见图 5—4）。

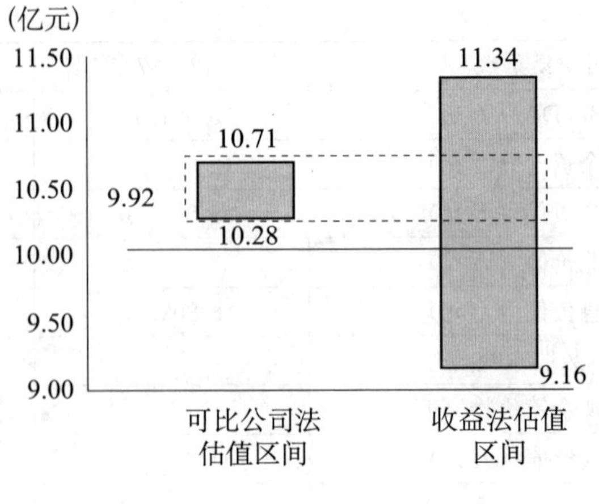

图 5—4

(五) 案例点评

此次佳都新太收购新科佳都收益法评估较为谨慎、合理，评估师按不同业务分别计算贴现率：轨道交通智能化系统业务的贴现率为 11.62%，产品集成业务的贴现率为 12.00%。但收益法评估涉及的假设因素很多，应做敏感性分析，形成区间值结论。本例我们以贴现率作为敏感性分析变量，得出 9.16 亿元～11.34 亿元的估值结论。

然而经我们查询，根据天职国际会计师事务所（特殊普通合伙）出具的天职业字［2014］7408-2 号《佳都新太科技股份有限公司盈利预测实现情况的专项审核报告》，新科佳都 2013 年预测净利润为 4 188.80 万元，而实际完成的扣非后净利润为 4 462.20 万元，实际完成超过预期 6.53%。假如我们仅按照 5%考虑企业自由现金流的预测差异，则评估结论将会上升 4 000 万元左右，即收益法的评估结论应为 10.32 亿元左右，这样恰好与采用可比公司法得出的估值结论得到很好的验证，参考意义更大。由于我们仅仅按照财务顾问报告了解评估机构的估值过程，相信如果由参与项

目的评估师来进行测算会得出更加准确的估值结论。

四、华闻传媒发行股份购买国广光荣广告

华闻传媒（000793）于 2013 年 1 月 8 日以现金方式购买北京国广光荣有限公司（以下简称“国广光荣广告”）100%股权，经交易双方充分协商，拟收购资产的交易价格以北京卓信大华资产评估有限公司（以下简称“卓信大华”）出具的评估报告所确定的评估值为依据。基本情况如下：

（一）国广光荣广告基本情况

国广光荣广告是由自然人股东陈玉林和北京国广光荣文化传播有限公司（以下简称“国广光荣文化”）于 2002 年 11 月 29 日发起设立的公司，设立时注册资本为人民币 50 万元。

经多次增资及股权转让后，截至 2012 年 12 月 31 日，国广光荣广告股东出资额及出资比例如表 5—50 所示。

表 5—50

股东名称	出资额（万元）	出资比例（%）
国广环球传媒控股有限公司	2 550.00	51.00
北京江河大禹科技有限公司	1 000.00	20.00
乌鲁木齐中盛天誉股权投资管理有限公司	1 450.00	29.00
合计	3 000.00	100.00

国广光荣广告依靠股东方国广控股及国际台所掌握的媒体资源，主要经营中国国际广播电台 EASY FM、HIT FM、环球资讯的广告代理业务。独家经营权的期限为 30 年，自 2011 年 1 月 1 日起至 2040 年 12 月 31 日止。

中国国际广播电台（CRI）创办于1941年12月3日，是中国唯一向全世界广播的国家广播电台。1999年10月，中国国际广播电台开始制作，并通过亚洲2号卫星向全国传送国际新闻电视节目。现在，中国国际广播电台电视中心每天制作和通过卫星传送5个多小时的电视节目，在全国200多家电视台、近300个频道当中播出。目前，中国国际广播电台已经拥有报纸、广播、电视、网络和新媒体传播手段，包含了从第一媒体到第五媒体的全部形态。公司经营范围为：设计、制作、发布、代理广告；技术开发、技术服务、技术转让、技术咨询；资产管理；投资咨询；企业管理；组织文化艺术交流活动（演出除外）；承办展览展示；影视策划；企业形象策划；市场营销策划。国广光荣广告2011年、2012年主要财务指标如表5—51和表5—52所示。

表5—51　　资产负债表情况　　单位：万元

项目	2011年12月31日	2012年12月31日
流动资产合计	5 396.19	6 912.29
非流动资产合计	516.91	9 994.09
资产总计	5 913.09	16 906.38
流动负债合计	3 152.09	7 803.74
非流动负债合计	0.00	300.00
负债合计	3 152.09	8 103.74
所有者权益合计	2 761.00	8 802.64
负债和所有者权益总计	5 913.09	16 906.38

表5—52　　利润表情况　　单位：万元

项目	2010年	2009年
主营业务收入	10 099.59	12 892.72
主营业务成本	4 558.14	4 980.64
营业利润	4 520.48	6 763.55
净利润	3 379.35	4 766.64

注：以上数据摘自立信会计师事务所（特殊普通合伙）信会师报字［2013］第310001号无保留意见审计报告。

（二）国广光荣广告资产评估情况

卓信大华采用资产基础法和收益法两种方法对标的资产进行评估。根据卓信大华出具的卓信大华评报字［2013］第001号资产评估报告，最终采用了收益法评估结果作为本次交易标的最终定价依据。

1. 资产基础法评估情况

国广光荣账面资产总计16 906.38万元，评估价值16 816.98万元，减值89.40万元，减值率0.53%；账面负债总计8 103.74万元，评估价值8 103.74万元；账面净资产8 802.64万元，评估价值8 713.24万元，减值89.40万元，减值率1.02%（见表5—53）。

表5—53　　单位：万元

项目		账面净值	评估价值	增减值	增值率（%）
		A	B	C=B−A	D=C/A×100
流动资产	1	6 912.29	6 957.82	45.53	0.66
非流动资产	2	9 994.09	9 859.15	−134.94	−1.35
其中：长期股权投资	3	621.43	596.43	−25.00	−4.02
投资性房地产	4				
固定资产	5	263.78	262.72	−1.06	−0.40
在建工程	6				
递延所得税资产	7	108.88	—	−108.88	−100.00
其他非流动资产	8	9 000.00	9 000.00	0.00	—
资产总计	9	16 906.38	16 816.98	−89.40	−0.53
流动负债	10	7 803.74	7 803.74	0.00	—
非流动负债	11	300.00	300.00	0.00	—
负债总计	12	8 103.74	8 103.74	0.00	—
净资产（所有者权益）	13	8 802.64	8 713.24	−89.40	−1.02

2. 收益法评估情况

通过收益法评估过程，在评估假设及限定条件成立的前提下，国广光荣广告在评估基准日的股东全部权益评估结果为67 690.43万元，增值

58 887.79万元，增值率 668.98%（见表 5—54）。

表 5—54　　经营性资产价值评估情况

项目	预测数据			
	2013 年度	2014 年度	2015 年度	永续年度
净现金流量（万元）	10 653.99	6 734.09	7 918.81	8 503.80
贴现期	1.00	2.00	3.00	3.00
贴现率	12.77%	12.77%	12.77%	12.77%
贴现系数	0.89	0.79	0.70	5.46
净现值（万元）	9 448.00	5 295.00	5 522.00	46 435.00
经营性资产价值（万元）	66 700.00			

溢余资产及非经营性资产、付息负债如下：

（1）溢余资产、非经营性资产。经分析，公司溢余货币资产为 5 285.26万元，非经营性资产为递延所得税资产 108.88 万元，两项合计，溢余及非经营性资产价值为 5 394.14 万元。

（2）长期股权投资价值。国广光荣广告在评估基准日控股北京环球风尚文化传媒有限公司，本次评估按照子公司在评估基准日的审计后账面价值 596.43 万元及持股比例作为长期股权投资的评估值。

（3）付息负债价值估算。在评估基准日，北京国广光荣广告有限公司的付息负债价值为 5 000.00 万元。

（4）企业整体价值的确定

$$\text{股东全部权益价值}=\text{经营性资产价值}+\text{非经营性资产价值}+\text{长期股权投资价值}-\text{付息负债}$$

$$\text{股东全部权益价值}=66\ 775.90+5\ 394.00+596.43-5\ 000.00=67\ 690.43\text{（万元）}$$

（三）运用可比公司法重估国广光荣广告股权价值

1. 可比公司群的选择

经过我们搜索整理，认为主要收入为广告行业的上市公司较少。因

此，参照国广光荣广告的指标，我们对可比公司群进行了初步细化：

（1）业务与其相同或相近的公司；

（2）评估基准日之前两年已经上市的公司；

（3）评估基准日之前 1 月成交均价与基准日前 52 周成交均价之比在行业内处于平均水平的公司。

据此，我们初步确定的可比公司群与国广光荣广告主营业务收入第一位为广告收入的上市公司仅有 4 家，具体信息如表 5—55 所示。

表 5—55

序号	股票代码	公司简称	主营业务名称	主营业务收入占比（%）
1	600633. SH	浙报传媒	广告收入	51. 35
2	002181. SZ	粤传媒	广告业务	62. 31
3	300058. SZ	蓝色光标	公共关系服务	54. 55
4	300071. SZ	华谊嘉信	终端营销服务	87. 38

资料来源：同花顺 iFinD。

考虑到可比公司较少，因此我们将全部拥有广告业务的上市公司作为最佳可比公司。

2. 计算可比公司估值交易乘数

我们计算可比公司企业价值的方式为：

企业价值＝股权价值＋付息负债＋非控股的权益

－现金及现金等价物

式中，股权价值为可比公司的年报日的总股本乘以区间内的前复权的成交均价。其余数据均来源于可比公司当年财报数据。

所选择收益类参数为扣非调整后的 EBITDA、EBIT 和销售收入，具体的交易乘数为：

• 可比公司企业价值与税息前收益乘数（EV/EBIT）。

• 可比公司企业价值与息税折旧摊销前收益乘数（EV/EBITDA）。

• 可比公司企业价值与销售收入乘数（EV/销售收入）。

各家可比公司具体的交易乘数如表 5—56 所示。

表 5—56

2010 年估值指标									
序号	公司简称	股票代码	EV(万元)	EBITDA (万元)	EBIT (万元)	销售收入 (万元)	EV/EBITDA	EV/EBIT	EV/销售收入
1	浙报传媒	600633. SH	119 676. 75	31 863. 33	25 413. 85	134 227. 69	3. 76	4. 71	0. 89
2	粤传媒	002181. SZ	426 268. 82	2 829. 72	537. 71	33 259. 74	150. 64	792. 75	12. 82
3	蓝色光标	300058. SZ	317 741. 13	17 730. 75	16 478. 40	126 605. 83	17. 92	19. 28	2. 51
4	华谊嘉信	300071. SZ	145 367. 99	4 829. 85	4 547. 16	101 142. 30	30. 10	31. 97	1. 44
2011 年估值指标									
			EV(万元)	EBITDA (万元)	EBIT (万元)	销售收入 (万元)	EV/EBITDA	EV/EBIT	EV/销售收入
1	浙报传媒	600633. SH	708 231. 64	35 096. 73	28 644. 31	143 795. 72	20. 18	24. 73	4. 93
2	粤传媒	002181. SZ	365 487. 69	23 952. 34	14 291. 84	188 073. 29	15. 26	25. 57	1. 94
3	蓝色光标	300058. SZ	395 627. 71	35 429. 70	32 578. 74	217 537. 81	11. 17	12. 14	1. 82
4	华谊嘉信	300071. SZ	137 273. 14	5 742. 12	5 388. 18	123 782. 45	23. 91	25. 48	1. 11
2012 年估值指标									
			EV(万元)	EBITDA (万元)	EBIT (万元)	销售收入 (万元)	EV/EBITDA	EV/EBIT	EV/销售收入
1	浙报传媒	600633. SH	577 014. 17	35 068. 01	28 615. 60	235 574. 92	16. 45	20. 16	2. 45
2	粤传媒	002181. SZ	474 355. 25	23 790. 08	14 129. 58	167 100. 69	19. 94	33. 57	2. 84
3	蓝色光标	300058. SZ	617 420. 82	35 286. 66	32 435. 70	358 399. 81	17. 50	19. 04	1. 72
4	华谊嘉信	300071. SZ	114 535. 95	5 688. 94	5 335. 00	175 524. 11	20. 13	21. 47	0. 65

考虑到上述乘数指标存在异常值，因此我们将异常指标剔除后的乘数见表 5—57。

表 5—57

证券名称	交易乘数	EV/EBITDA			EV/EBIT			EV/销售收入		
	证券代码	2010 年	2011 年	2012 年	2010 年	2011 年	2012 年	2010 年	2011 年	2012 年
浙报传媒	600633. SH		20. 18	16. 45		24. 73	20. 16		4. 93	2. 45
粤传媒	002181. SZ		15. 26	19. 94		25. 57	33. 57		1. 94	2. 84
蓝色光标	300058. SZ	17. 92	11. 17	17. 50	19. 28	12. 14	19. 04	2. 51	1. 82	1. 72
华谊嘉信	300071. SZ	30. 10	23. 91	20. 13	31. 97	25. 48	21. 47	1. 44	1. 11	0. 65
	中位数			18. 93			23. 10			1. 88
	平均值			19. 26			23. 34			2. 14

考虑到息税前收益和息税折旧摊销前收益可以在减少资本结构影响的基础上最大限度地减少由于企业折旧/摊销政策不同所可能带来的影响。我们认为 EBITDA 乘数更能反映企业价值，因此我们采用上述乘数作为估值乘数。

由表 5—57 可知，国广光荣广告的 EBITDA 估值乘数为 18. 93～19. 26。

3. 可比公司法估值的隐含价值区间

考虑国广光荣广告经营相对稳定，我们采用评估基准日前 12 个月、预测期第一年两期的 EBITDA 和 EBIT 分别计算国广光荣广告在评估基准日的隐含价值区间（见表 5—58）。

表 5—58

年份	调整后 EBITDA（万元）	EV/ EBITDA		付息负债（万元）	股权价值（万元）	
		18. 93	19. 26			
2012 年	6 527. 78	123 569. 40	125 694. 50	5 000. 00	118 569. 40	120 694. 50
2013 年	6 382. 38	120 817. 01	122 894. 77	5 000. 00	115 817. 01	117 894. 77

注：上述调整后 EBITDA 扣除了非经常性损益和少数股东损益，销售收入扣除了归属少数股东部分。

从以上计算结果可知，以国广光荣广告经营性资产 2012 年度、2013 年度 EBITDA 为被乘数形成的隐含价值区间为 115 817. 01 万元～120 694. 50万元，即为国广光荣广告经营性资产评估基准日隐含价值区间。

根据第四章的研究结论，在可比公司法估值结果基础上应考虑流动性折扣因素。根据同花顺、CVSource 提供的数据，通过对非上市公司并购市盈率与上市公司市盈率的比较分析，目前非上市公司并购市盈率与上市公司市盈率比较估算缺少流动性折扣率 2013 年新闻传播行业为 76.92%，社会服务行业为 43.44%，考虑到国广光荣广告公司属于社会服务业，但企业主要的业务依靠国际广播电台的广告收入，而国际广播电台属于新闻传播行业，因此以均值 60.18%作为折扣率，据此计算的国广光荣广告经营性资产隐含价值区间为

115 817.01×(1－60.18%)＝46 118.33（万元）

120 694.50×(1－60.18%)＝48 060.55（万元）

即隐含价值区间为 46 118.33 万元～48 060.55 万元。

同时，还应考虑可比公司的股权价值实际上是利用可比公司的成交均价计算得出的，是少量在市面流通的股权的交易，并不能代表全部股东权益价值，所以，还应考虑少数股权控制权转移溢价问题。同样利用国内较新的少数股权控制权折扣率的计算方式，根据 CVSource 提供的统计数据，2013 年市场交易案例中平均折扣率为 25.00%，即：折价后股权价值＝直接测算股权价值/(1－少数股权控制权折扣率)，则国广光荣广告经营性资产估值结果为 61 491.11 万元～64 080.73 万元。

同时我们根据扣非数据计算出的是国广光荣广告经营性资产的价值，根据评估说明分析可知，国广光荣广告对应的溢余资产价值为 5 990.57 万元[①]，因此在计算国广光荣广告整体企业价值时，则应当在经营性资产

① 原评估报告进行了四舍五入，计算得出溢余资产为 5 990.43 万元，本案例在进行敏感性分析和可比公司法重估时予以了修改。

估值结果上，计入上述溢余资产价值，则国广光荣广告经营性资产估值结果为 67 481.54 万元～70 071.16 万元，即 6.75 亿元～7.01 亿元。

（四）可比公司法估值结果与收益法评估结果的分析验证

评估师习惯按照惯例将评估结果确定为一个固定值，但实际上考虑到收益法的估值结论受到多方面的影响，尤其是贴现率的波动对于评估结果具有明显的影响，收益法的评估结论应当为一个区间值更为合理。根据收益法得出的评估结果，国广光荣广告 100%股权的评估值为折合人民币 67 690.43万元。我们根据评估公司所采用的贴现率按照上下浮动 1.0%进行敏感性分析，计算出收益法的评估值区间为 62 871.87 万元～73 328.41 万元，即 6.29 亿元～7.33 亿元（见表 5—59）。

表 5—59　　单位：万元

贴现率	11.77%	12.27%	12.77%	13.27%	13.77%
企业价值	72 337.98	69 403.41	66 700.00	63 461.58	61 881.44
溢余资产、非经营性资产	5 990.57				
付息负债	5 000.00				
股权价值	73 328.55	70 393.98	67 690.57	64 452.15	62 872.01

可比公司法和收益法分别是从不同角度对企业价值进行测算，因此我们将卓信大华计算的收益法评估价值进行敏感性分析后，与我们测算的国广光荣广告的隐含股权价值区间进行比较。采用收益法结论进行敏感性分析所形成的价值区间为 6.29 亿元～7.33 亿元，而采用可比公司法所形成的国广光荣广告的隐含股权价值区间为 6.75 亿元～7.01 亿元。采用两种方法计算得出的隐含价值区间的交集为 6.75 亿元～7.01 亿元，而采用收益法计算得出的评估结论为 6.77 亿元，位于交集内，可以说得到了很好的验证。

两种估值方法得出的国广光荣广告的隐含股权价值区间的比较如图5—5所示。

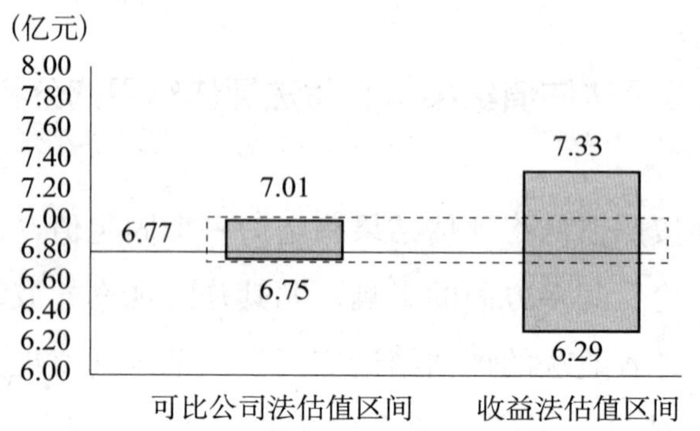

图 5—5

由图5—5可以很明显地看出，用可比公司法所计算出的企业股权价值的隐含价值区间与收益法的敏感性分析所形成的区间具有一定的交集，且收益法的结论落在交集内，说明收益法的结论是合理、谨慎的。

（五）案例点评

国广光荣广告为典型的轻资产型企业，如果采用资产基础法是不能合理恰当地反映其企业的隐含价值的。评估师为了满足监管需要，对标的企业也采用了资产基础法进行评估。通过巨潮资讯网站我们查阅到，资产基础法的评估结论为0.87亿元，这与收益法的评估结论6.77亿元差异较大，相差678%。很明显，两种方法评估结果没有交集，相互验证没有任何实际意义。如果将这样的评估结论作为并购双方决策层决策参考和社会投资者投资参考，不仅没有意义，可能还会造成误读误判，会存在被人误认为资产存在被高估的情况；多数非专业人士甚至

根本就不相信评估。然而，通过运用可比公司法重估该企业隐含的内在价值，我们得到 6.75 亿元～7.01 亿元的价值区间；进而又对收益法运用贴现率做了敏感性分析，我们得到 6.29 亿元～7.33 亿元的价值区间，并建议将两个区间的交集部分作为定价参考。毋庸置疑，这样的估值结论无论是对并购双方还是对社会各界都有很强的参考价值。

本案例为文化、传媒产业行业的并购案例。华闻传媒通过本次以现金方式购买资产，不仅符合公司“全媒体、大文化”的发展战略，而且有利于加大媒体领域的拓展力度，进一步提高公司的市场竞争力、持续经营能力和盈利能力。在 2013 年并购也成为了文化、传媒产业所关注的热点。2013 年影视传媒业共发生并购事件超过 50 起，涉及电影、电视剧、出版、广告、游戏等子行业，累计资金超过 400 亿元。在中央大力推动文化大发展大繁荣的时代背景下，相信这一行业的并购事件估值的需求会日益增多，本案例具有一定的借鉴意义。因此，我们希望通过这个案例，给广大读者以一点点启发。

五、掌趣科技发行股份购买动网先锋

掌趣科技（300315）通过非公开发行股份购买海南动网先锋网络科技有限公司（以下简称“动网先锋”）100%股权。根据《发行股份及支付现金购买资产协议》，经交易双方友好协商，以北京中企华资产评估有限责任公司（以下简称“中企华”）出具的资产评估报告为依据，动网先锋 100%股权作价 81 009.00 万元。2013 年 6 月 1 日，获得中国证监会并购重组委审核通过。基本情况如下：

（一）动网先锋基本情况

海南动网先锋网络科技有限公司原名为海口动网先锋网络科技有限公司（以下简称“海口动网先锋”）。工商登记资料显示，海口动网先锋系由自然人宋海波和李喜凤于 2002 年 10 月 24 日出资设立，设立时注册资本为 10 万元，经过十多年的发展及经过多次股权转让及增资后，动网先锋截至评估基准日的股权结构如表 5—60 所示。

表 5—60

序号	股东名称	出资额（万元）	出资比例（%）
1	宋海波	347.22	25.00
2	广州联动	300.00	21.60
3	广州肯瑞	250.00	18.00
4	王贵青	200.00	14.40
5	李锐	138.89	10.00
6	李智超	56.25	4.05
7	张洁	41.67	3.00
8	澄迈锐杰	27.08	1.95
9	陈嘉庆	13.89	1.00
10	韩常春	13.89	1.00
11	合计	1 388.89	100.00

动网先锋的主营业务为网页游戏产品的开发与运营 ，2008 年转型进入网页游戏研发领域，成为国内较早一批进入该行业的互联网企业。

动网先锋所处的互联网页面游戏行业，即网页游戏行业是计算机网络游戏行业的细分子行业。网页游戏的产业链参与者主要包括游戏开发商、游戏运营商、游戏推广服务商和游戏玩家。动网先锋在网页游戏产业链中扮演着游戏开发商和游戏运营商的角色。

动网先锋作为国内领先的网页游戏开发、运营企业，拥有同时开发多

款高质量网页游戏产品的开发能力，依靠自主研发先后推出了多款网页游戏明星产品，其中《商业大亨 OnLine》创造了累计充值金额 3.8 亿元的国内模拟经营类网页游戏记录，《寻侠》和《三分天下》两款游戏累计充值金额均分别超过 1 亿元，《富人国》、《海岛大亨》和《武道破天》三款游戏的累计充值金额均分别达到 7 000 万元以上。

动网先锋 2011 年、2012 年的主要财务数据如表 5—61 所示。

表 5—61　　单位：万元

项目	2012 年 12 月 31 日	2011 年 12 月 31 日
流动资产合计	6 004.21	3 170.64
非流动资产合计	3 502.34	2 707.07
资产合计	9 506.56	5 877.71
流动负债合计	3 892.44	1 375.63
非流动负债合计	391.97	480.51
负债合计	4 284.41	1 856.15
归属于母公司所有者权益合计	5 240.62	4 032.94
所有者权益合计	5 222.14	4 021.57
项目	2012 年度	2011 年度
营业收入	15 205.31	8 360.43
营业利润	6 170.35	1 318.18
利润总额	6 486.58	1 546.71
净利润	5 661.33	1 447.39
归属于母公司股东的净利润	5 708.43	1 462.76

注：以上财务数据摘自大华审计出具的大华审字［2013］第 000410 号无保留意见审计报告。

（二）动网先锋资产评估情况

中企华资产评估根据动网先锋的特性以及评估准则的要求，确定采用资产基础法和收益法两种方法对标的企业进行评估，最终采用了收益法评估结果作为本次交易标的最终评估结论。

1. 资产基础法评估情况

动网先锋评估基准日母公司报表层面总资产账面价值 10 790.36 万元，评估价值为 11 591.30 万元，增值额为 800.94 万元，增值率为 7.42%；总负债账面价值为 5 674.68 万元，评估价值为 5 674.68 万元，增值额为 0.00 万元，增值率为 0.00%；净资产账面价值为 5 115.68 万元，净资产评估价值为 5 916.62 万元，增值额为 800.94 万元，增值率为 15.66%（见表 5—62）。

表 5—62

单位：万元

项目	账面价值	评估价值	增减值	增值率（%）
	A	B	C=B−A	D=C/A×100
一、流动资产	4 830.83	4 830.83	0.00	0.00
二、非流动资产	5 959.53	6 760.47	800.94	13.44
其中：长期股权投资	2 762.58	2 960.85	198.27	7.18
投资性房地产				
固定资产	813.6	713.03	−100.57	−12.36
在建工程				
油气资产				
无形资产	1 134.26	1 837.50	703.24	62.00
其中：土地使用权				
其他非流动资产	1 249.09	1 249.09	0.00	0.00
资产总计	10 790.36	11 591.30	800.94	7.42
三、流动负债	5 287.08	5 287.08	0.00	0.00
四、非流动负债	387.6	387.6	0.00	0.00
负债总计	5 674.68	5 674.68	0.00	0.00
净资产	5 115.68	5 916.62	800.94	15.66

2. 收益法评估情况

采用收益法评估动网先锋股东全部权益的评估值为 83 772.01 万元，较评估基准日账面净资产 5 115.68 万元增值 78 656.34 万元，增值率为 1 537.55%。

预测期内各年企业自由现金流量按年中流出考虑，预测期后稳定期现

金流现值按预测年末贴现考虑，从而得出企业的自由现金流量贴现值（见表 5—63）。

表 5—63　　　　单位：万元

项目	2013 年	2014 年	2015 年	2016 年	2017 年	2018 年	永续
息前税后营业利润	7 440.99	9 326.32	11 189.89	12 793.52	13 676.97	13 176.23	13 176.23
加：折旧及摊销	1 442.63	1 709.53	2 159.95	2 039.05	2 132.73	1 757.79	1 757.79
减：资本支出	2 049.52	1 830.00	1 890.00	2 005.00	2 109.00	2 220.00	2 220.00
营运资本变动	269.96	373.69	152.75	206.33	209.39	182.52	—
自由现金流	6 564.14	8 832.17	11 307.09	12 621.23	13 491.31	12 531.50	12 714.02
WACC	14.82%	14.82%	14.82%	14.82%	14.82%	14.82%	14.82%
贴现期	0.50	1.50	2.50	3.50	4.50	5.50	—
贴现系数	0.933 2	0.812 8	0.707 8	0.616 5	0.536 9	0.467 6	3.154 6*
自由现金流现值	6 125.83	7 178.42	8 003.62	7 780.58	7 243.33	5 859.52	40 107.93
经营性资产价值	82 299.23						

* 永续期贴现值系将 2018 年以后年度现金流年金化至 2018 年，再将其贴现至基准日。

企业整体价值＝经营性资产价值＋溢余资产价值①＋非经营性资产、负债价值②＋股权投资价值③

＝82 299.23＋734.55＋(－2 222.62)＋2 960.85

＝83 772.01（万元）

股东全部权益价值＝企业整体价值－付息负债价值

＝83 772.01－0.00 ＝83 772.01（万元）

确认动网先锋股东全部权益评估值为 83 772.01 万元，较评估基准日账面净资产 5 115.68 万元增值 78 656.33 万元，增值率为 1 537.55%。

---

① 溢余资产为超出维持正常经营的营业性现金外的富余现金，富余现金为 734.55 万元。

② 被评估单位的非经营性资产、负债包括与企业经营无关的保证金、押金、递延所得税、应付股利、一年内到期的非流动负债及其他非流动负债等。

③ 股权投资资产价值为 2 960.85 万元。

（三）可比公司法重估动网先锋价值

1. 可比公司的选择

根据同花顺提供的数据，截至 2012 年 12 月 31 日，按照证监会新行业分类，所属软件和信息技术服务业上市公司共 100 家。动网先锋 2011—2012 年营业收入主要来源于互联网页面游戏和移动终端游戏收入，本着所选取的样本公司应具有较强的可比性的原则，可比公司选取标准为与动网先锋主营业务最为接近的公司，且在 2013 年以前上市的企业，共计 6 家。动网先锋主营业务情况与动网先锋业务最为接近的可比公司主营业务情况如表 5—64 和表 5—65 所示。

表 5—64

单位：万元

项目	2012 年		2011 年	
	金额	占比（%）	金额	占比（%）
互联网页面游戏	14 707.12	96.72	8 085.22	96.71
移动终端游戏	132.95	0.87	—	—
其他	365.24	2.40	275.21	3.29
主营业务收入	15 205.31	100.00	8 360.43	100.00

表 5—65

证券代码	证券名称	主营产品名称
002261.SZ	拓维信息	教育服务、互联网产品、传统增值业务、软件服务业务、影视制作
002292.SZ	奥飞动漫	动漫影视、动漫玩具、非动漫玩具、电视媒体、其他婴童用品
002148.SZ	北纬通信	传统增值业务、手机游戏、手机视频、系统集成
300315.SZ	掌趣科技	移动终端单机游戏、移动终端联网游戏、互联网页面游戏
600880.SH	博瑞传播	广告、出版物、纸张、报刊投递、游戏软件
300052.SZ	中青宝	MMO 游戏、网页游戏、手机游戏

资料来源：同花顺 iFinD。

2. 可比公司财务数据统计及估值指标计算

在确定了 6 家可比公司后，我们通过同花顺 iFinD 软件搜集可比公司基本情况及财务数据，进行可比公司分析整理。剔除异常值后，具体数据如表 5—66 所示。

表 5—66

证券代码	证券名称	基本情况			市场行情			盈利能力(%)		
		首发上市日期	2012 年净资产(万元)	2012 年营业收入(万元)	收盘价(元/股)	52 周最高价(元/股)	占比(%)	ROE	ROIC	销售净利率
002261.SZ	拓维信息	2008-07-23	86 667.14	43 279.65	8.00	23.20	34.48	2.53	4.53	9.10
002292.SZ	奥飞动漫	2009-09-10	157 997.79	129 116.49	18.89	29.40	64.25	11.98	12.46	14.50
002148.SZ	北纬通信	2007-08-10	49 693.81	22 514.79	12.97	24.49	52.96	8.56	9.63	20.36
300315.SZ	掌趣科技	2012-05-11	88 189.96	22 536.30	22.86	27.75	82.38	14.00	14.89	36.52
600880.SH	博瑞传播	1995-11-15	257 836.47	134 980.08	9.64	13.31	72.43	13.17	12.77	22.15
300052.SZ	中青宝	2010-02-11	91 932.57	18 498.84	11.25	15.65	71.88	1.15	1.88	8.71

证券代码	证券名称	营运能力(2012)			增长能力(2012)			每股收益(2012)	
		应收账款周转率	存货周转率	总资产周转率	净利润增长率	营业收入增长率	经营活动现金流量增长率	每股收益(元)	每股息税前利润(元)
002261.SZ	拓维信息	3.98	2.70	0.45	−48.81	16.45	128.21	0.07	0.13
002292.SZ	奥飞动漫	7.50	2.58	0.73	43.13	22.18	1 800.78	0.42	0.51
002148.SZ	北纬通信	3.96	411.82	0.46	293.11	−5.57	45.36	0.36	0.40
300315.SZ	掌趣科技	6.58	—	0.39	47.79	22.72	−4.25	0.53	0.49
600880.SH	博瑞传播	15.00	12.32	0.46	−28.90	3.36	−119.83	0.45	0.58
300052.SZ	中青宝	8.39	—	0.19	31.92	40.13	45.11	0.08	−0.01

我们计算可比公司企业价值的方式为：

$$\text{企业价值}=\text{股权价值}+\text{付息负债}+\text{非控股的权益}-\text{现金及现金等价物}$$

式中，股权价值为可比公司年报日的总股本乘以区间内前复权的成交均价。其余数据均来源于可比公司当年财报数据。

可比公司群的企业价值计算结果如表5—67所示。

表5—67

单位：万元

证券代码	证券名称	股权价值			付息负债		
		2010年	2011年	2012年	2010年	2011年	2012年
002261.SZ	拓维信息	294 502.51	321 667.33	226 369.59	3 267.74	—	—
002292.SZ	奥飞动漫	365 096.96	677 859.33	514 535.42	2 501.48	1 200.00	4 016.71
002148.SZ	北纬通信	223 066.12	204 904.73	146 432.29	—	—	—
300315.SZ	掌趣科技	—	—	94 371.27	—	—	—
600880.SH	博瑞传播	1 160 241.97	749 286.99	590 784.82	7 851.23	7 574.22	8 017.71
300052.SZ	中青宝	137 642.70	81 029.00	72 868.90	—	—	—
证券代码	证券名称	少数股东权益			货币资金		
		2010年	2011年	2012年	2010年	2011年	2012年
002261.SZ	拓维信息	301.83	1 071.51	308.26	60 887.98	53 159.16	45 940.80
002292.SZ	奥飞动漫	−676.37	−139.90	581.69	88 486.79	64 054.81	62 830.71
002148.SZ	北纬通信	—	—	—	29 830.58	28 282.04	23 771.28
300315.SZ	掌趣科技	—	—	—	13 491.45	10 084.77	70 609.36
600880.SH	博瑞传播	2 649.17	2 667.18	1 320.00	79 077.84	84 274.36	50 134.34
300052.SZ	中青宝	−114.80	−229.23	−58.15	78 311.21	60 319.97	48 633.16

可比公司企业价值如表5—68所示。

表5—68

证券代码	证券名称	企业价值		
		2010年	2011年	2012年
002261.SZ	拓维信息	237 184.10	269 579.68	180 737.05
002292.SZ	奥飞动漫	278 435.28	614 864.61	456 303.11
002148.SZ	北纬通信	193 235.54	176 622.69	122 661.01
300315.SZ	掌趣科技			23 761.91
600880.SH	博瑞传播	1 091 664.53	675 254.03	549 988.18
300052.SZ	中青宝	59 216.68	20 479.80	24 177.59

3. 计算可比公司企业价值乘数

所选择收益类参数为扣非调整后的 EBITDA、EBIT 和销售收入，具体的交易乘数为：

- 可比公司企业价值与息税前收益乘数（EV/EBIT）。
- 可比公司企业价值与息税折旧摊销前收益乘数（EV/EBITDA）。
- 可比公司企业价值与销售收入乘数（EV/销售收入）。

各家可比公司具体的 EBITDA、EBIT、销售收入及交易乘数如表 5—69 所示。

4. 动网先锋与可比公司的比较分析

动网先锋所处的互联网页面游戏行业，即网页游戏行业，是计算机网络游戏行业的细分子行业。

网络游戏市场中主要存在按虚拟道具收费和按时间收费两种类型的盈利模式，动网先锋游戏产品采用的是按虚拟道具收费模式。按虚拟道具收费是指，游戏为玩家提供网络游戏的免费下载和免费的游戏娱乐体验，而游戏的收益则来自游戏内虚拟道具的销售。游戏玩家注册一个游戏账户后，即可参与游戏而无须支付任何费用。若玩家希望进一步加强游戏体验，则需付费购买游戏中的虚拟道具。

根据游戏运营平台的所有权划分，目前动网先锋的网页游戏运营模式包括自主运营和联合运营两种。在自主运营模式下，动网先锋通过自主研发或代理形式获得一款网页游戏产品的经营权后，利用其自有的优玩游戏平台和 DOVOGAME 游戏平台发布并运营游戏产品。联合运营模式指动网先锋将网页游戏产品与腾讯开放平台、360 游戏中心、开心网、云起游戏等一个或多个游戏平台公司进行合作，共同联合运营的一种网页游戏运营方式（见图 5—6）。

表 5—69

单位：万元

证券代码	证券名称	EBITDA			EBIT			营业收入		
		2010 年	2011 年	2012 年	2010 年	2011 年	2012 年	2010 年	2011 年	2012 年
002261. SZ	拓维信息	13 774. 40	10 051. 61	6 039. 57	11 927. 95	8 038. 79	3 728. 45	35 731. 87	37 166. 36	43 279. 65
002292. SZ	奥飞动漫	15 451. 67	15 954. 75	23 341. 99	13 736. 84	13 816. 47	20 691. 01	90 306. 94	105 678. 21	129 116. 49
002148. SZ	北纬通信	5 487. 44	1 822. 73	4 949. 72	5 052. 68	1 360. 22	4 585. 62	22 586. 08	23 842. 06	22 514. 79
300315. SZ	掌趣科技	4 671. 39	6 349. 80	8 564. 33	4 637. 94	6 233. 86	8 050. 59	11 730. 89	18 364. 45	22 536. 30
600880. SH	博瑞传播	51 365. 21	61 457. 24	48 241. 21	42 655. 53	52 595. 06	36 135. 95	116 222. 76	130 595. 93	134 980. 08
300052. SZ	中青宝	2 955. 86	1 539. 73	4 444. 92	2 151. 51	−387. 28	−173. 51	7 959. 75	13 201. 11	18 498. 84

由表 5—69 计算得出的企业价值乘数情况如表 5—70 所示。

表 5—70

证券代码	证券名称	EV/EBITDA			EV/EBIT			EV/营业收入		
		2010 年	2011 年	2012 年	2010 年	2011 年	2012 年	2010 年	2011 年	2012 年
002261. SZ	拓维信息	17. 22	26. 82	29. 93	19. 88	33. 53	48. 48	6. 64	7. 25	4. 18
002292. SZ	奥飞动漫	18. 02	38. 54	19. 55	20. 27	44. 50	22. 05	3. 08	5. 82	3. 53
002148. SZ	北纬通信	35. 21	96. 90	24. 78	38. 24	129. 85	26. 75	8. 56	7. 41	5. 45
300315. SZ	掌趣科技	—	—	2. 77	—	—	2. 95	—	—	1. 05
600880. SH	博瑞传播	21. 25	10. 99	11. 40	25. 59	12. 84	15. 22	9. 39	5. 17	4. 07
300052. SZ	中青宝	20. 03	13. 30	5. 44	27. 52	−52. 88	−139. 35	7. 44	1. 55	1. 31
平均值		18. 62	31. 09	15. 65	21. 92	27. 97	−3. 98	5. 85	4. 53	3. 27

动网先锋的主要运营模式

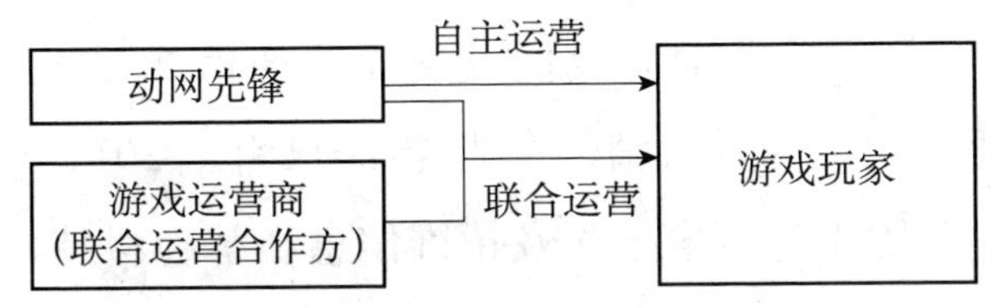

图 5—6

动网先锋最近两年的主要财务指标情况如表 5—71 所示。

表 5—71

项目	2012 年 12 月 31 日	2011 年 12 月 31 日
流动比率	1.54	2.30
速动比率	1.54	2.30
资产负债率	45.07%	31.58%
应收账款周转率	15.16	9.33
项目	2013 年 1—10 月	2012 年
营业收入增长率	81.87%	—
净资产收益率	108.93%	36.27%

标的企业动网先锋的主营业务为网页游戏产品的开发与运营。通过对可比公司业务以及对企业价值乘数进行分析，我们做了如下调整：

拓维信息（002261）主营业务为教育服务、互联网产品、传统增值业务。拓维信息 2012 年以来以教育服务、手机动漫游戏为重点产品的移动互联网发展方向，积极布局动漫、游戏互联网产品。但截至基准日，拓维信息的主营业务与标的公司仍存在一定差异，且基准日前 52 周均价与 52 周最高价之比相对异常，故剔除拓维信息相关数据。

掌趣科技（300315）为本次重组收购方，且 2012 年 5 月首发上市，由于上市时间较短，且基准日前 52 周均价与 52 周最高价之比相对异常，本次不作为可比公司。

北纬通信（002148）2011 年企业价值乘数（EV/EBITDA）为 96.90，其余可比公司同期该乘数为 10.99～38.54，北纬通信该乘数与可比公司相比明显偏高，为异常值，故在计算该乘数平均数时剔除北纬通信。

在计算 EV/EBIT 乘数时，我们发现北纬通信 2011 年为 129.85，明显高于其余可比公司，为异常值。中青宝 2011 年、2012 年连续两年该乘数为负值。如果剔除上述两家公司及拓维信息和掌趣科技，仅剩两家可比公司，且乘数差异较大，因此本次可比公司法不采用（EV/EBIT）乘数。

经调整后企业价值乘数情况如表 5—72 所示。

表 5—72

证券代码	证券名称	EV/EBITDA			EV/营业收入		
		2010	2011	2012	2010	2011	2012
002292.SZ	奥飞动漫	18.02	38.54	19.55	3.08	5.82	3.53
002148.SZ	北纬通信	—	—	—	8.56	7.41	5.45
600880.SH	博瑞传播	21.25	10.99	11.40	9.39	5.17	4.07
300052.SZ	中青宝	20.03	13.30	5.44	7.44	1.55	1.31
平均		19.77	20.94	12.13	7.12	4.99	3.59

5. 计算标的公司隐含价值区间

根据大华会计师事务所出具的大华审字［2013］000410 号《审计报告》，截至评估基准日 2012 年 12 月 31 日，动网先锋营业收入、EBITDA 情况如表 5—73 所示。

表 5—73

单位：万元

项目	2012 年	2011 年
营业总收入	15 205.31	8 360.43
营业总成本	9 034.96	7 042.25
营业利润	6 170.35	1 318.18
利润总额	6 486.58	1 546.71
净利润	5 661.33	1 447.39
利息支出	0.00	0.00
折旧	212.56	164.74
摊销	486.58	357.82
EBITDA	7 185.72	2 069.27

事实上，根据华尔街投行的创新方法，在采用估值指标时，也经常采用市销率和潜在市销率进行估值，因此根据可比公司乘数的计算结果，我们采用评估基准日 2012 年 12 月 31 日动网先锋营业收入、EBITDA 以及 2013 年的预计营业收入分别计算动网先锋在评估基准日的隐含价值区间（见表 5—74）。

表 5—74

项目	EBITDA		营业收入		潜在营业收入	
可比公司乘数区间	12.13	19.77	3.59	7.12	3.59	7.12
动网先锋（万元）	7 185.72		15 205.31		21 511.49	
企业价值（万元）	87 162.78	142 061.68	54 587.06	108 261.81	77 226.25	153 161.81
货币资金（万元）	734.55		734.55		734.55	
权益价值（万元）	87 897.33	142 796.23	55 321.61	108 996.36	77 960.80	153 896.36

从以上计算结果可知，以动网先锋经营性资产 2012 年度、2013 年度 EBITDA 为被乘数形成的隐含价值区间为 87 897.33 万元～142 796.23 万元，即为动网先锋经营性资产评估基准日交集的隐含价值区间；以动网先锋经营性资产未来年度潜在营业收入为被乘数形成的隐含价值区间为 77 960.80万元～153 896.36 万元。

根据第四章的研究结论，在可比公司法估值结果基础上应考虑流动性折扣因素。根据同花顺、CVSource 提供的数据，通过对非上市公司并购市盈率与上市公司市盈率进行比较分析，2013 年信息技术行业的折扣率为 63.80%，整体市场综合折扣率为 43.2%。由于 2013 年资本市场针对网游概念给予了较高的估值预期，我们综合考虑以 50%作为折扣率，据此计算的动网先锋经营性资产隐含价值区间为

87 897.33×(1－50.0%)＝43 948.67(万元)

142 796.23×(1－50.0%)＝71 398.12(万元)

即隐含价值区间为 43 948.67 万元～71 398.12 万元。

同时，还应考虑可比公司的股权价值实际上是利用可比公司的成交均价计算得出的，是少量在市面流通的股权的交易，并不能代表全部股东权益价值，所以，还应考虑少数股权控制权转移溢价问题。同样利用国内较新的少数股权控制权折扣率的计算方式，根据 CVSource 提供的统计数据，即：折价后股权价值=直接测算股权价值/(1－少数股权控制权折扣率)，则动网先锋经营性资产估值结果为 58 598.23 万元～95 197.49 万元。

同时我们根据扣非数据计算出的是动网先锋经营性资产的价值，根据评估说明分析可知，动网先锋对应的溢余资产价值为 738.23 万元，因此在计算动网先锋整体企业价值时，应当在经营性资产估值结果上，计入上述溢余资产价值，则动网先锋经营性资产估值结果为 59 336.46 万元～95 935.59万元，即 5.93 亿元～9.59 亿元。

（四）可比公司法估值结果与收益法评估结果的分析验证

如前所述，中企华评估采用收益法评估得到动网先锋的股东全部权益价值为 83 772.01 万元。根据收益法评估结果，我们对动网先锋 100%股权的评估值进行了敏感性分析，按贴现率上下 2%变动，动网先锋评估值隐含价值区间应为 7.37 亿元～9.70 亿元。具体情况如表 5—75 所示。

表 5—75

单位：万元

贴现率	12.82%	13.82%	14.82%	15.82%	16.82%
经营性资产价值价值	95 565.59	88 455.01	82 299.23	76 951.62	72 235.24
溢余资产	734.55				
非经营性资产	－2222.62				
付息负债	2 960.85				
股权价值	97 038.37	89 927.79	83 772.01	78 424.40	73 708.02

将动网先锋可比公司法与收益法估值区间放在一起比较可以发现，交

集区间为 7.37 亿元～9.60 亿元，即将其作为定价参考依据比较恰当（见图 5—7）。

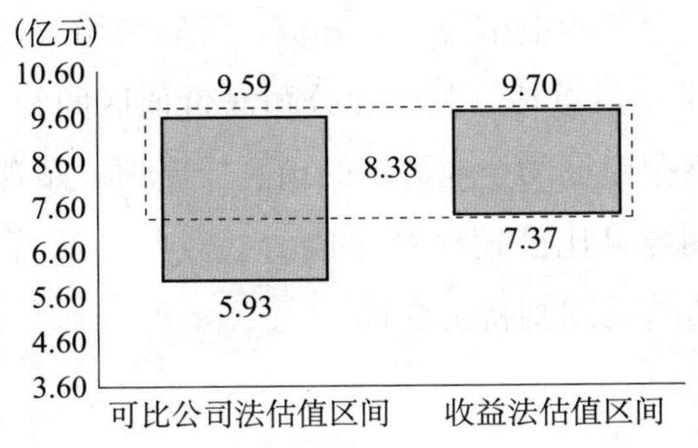

图 5—7

（五）案例点评

从资本市场情况来看，2013 年由于受 A 股 IPO 政策的限制，以及美股市场普遍对游戏企业估值偏低，多家游戏企业集中于 2013 年下半年在港股上市融资，并且伴随着 A 股游戏概念股的升温，A 股市场出现了游戏产业的并购热潮，页游与手游厂商进入了发展高速期，未来前景为资本市场所看好。2013 年移动游戏爆发式增长，并且随着产业链的逐步完善，效率不断提高，移动游戏行业将于 2014 年及未来几年继续保持快速增长。2013 年 20 家 A 股上市公司发起了 22 次游戏并购，共耗资 194.69 亿元。因此，本案例作为一个网页游戏的行业并购案例具有一定的代表性。

动网先锋净资产账面价值为 5 115.68 万元，净资产资产基础法评估价值为 5 916.62 万元，收益法评估估值为 83 772.01 万元，两种方法评估结果差异较大。我们分析认为，网页游戏属于网络游戏中的新兴板块，网页游戏行业具有良好的发展前景。动网先锋作为最早一批进入网页游戏开发领域的互联网企业，拥有规模化开发团队，能够同时开发多款精品网页游戏，并拥有游戏自主运营能力，是网页游戏行业内的领先企业。通过对沪深两市主营游戏业务的上市公司的分析，我们采用可比公司法对标的企业动网先锋进行了价值重估，其可比公司法价值区间为5.93亿元～9.59亿元。收益法评估中对标的企业盈利的预测较谨慎，贴现率等参数选取较为合理，估值区间与可比公司法基本吻合。若收益法评估增加敏感性分析，给出的隐含价值区间则将更合理。

六、景峰制药借壳*ST天一

天一科技（000908）拟以非公开发行股份的方式向叶湘武等23名自然人及维梧百通等7家机构购买其合计持有的上海景峰制药股份有限公司（以下简称“景峰制药”）100%股权，拟收购资产的交易价格以北京中天华资产评估有限责任公司（以下简称“北京中天华”）出具的评估报告所确定的评估值为依据，经过中国证监会并购重组委员会两次审核，最终获得通过（第一次未通过）。基本情况如下：

（一）景峰制药基本情况

景峰制药的前身为1993年5月设立的上海麦迪克医学科技开发部，设立时，上海麦迪克医学科技开发部注册资本6万元，系由上海市杨浦区体制改革办公室杨体改［1993］79号文批准成立的股份合作制企业。1993年3月24日，中国农业银行上海市分行对上海麦迪克医学科技开发部设立出资出具了012号《验资证明书》。经过20多年的发展及经过多次

股权转让和增资后，景峰制药截至评估基准日的股权结构如表 5—76 所示。

表 5—76

序号	股东名称	股份数量（万股）	股权比例（%）	序号	股东名称	股份数量（万股）	股权比例（%）
1	叶湘武	5 463	31.93	17	叶湘伦	100	0.58
2	刘华	1 150	6.73	18	欧阳艳丽	100	0.58
3	简卫光	1 150	6.73	19	张亮	90	0.53
4	李彤	1 150	6.73	20	陈杰	75	0.44
5	张慧	1 150	6.73	21	刘莉敏	70	0.41
6	叶高静	1 150	6.73	22	维梧鸿康	69.7	0.41
7	维梧百通	891.5	5.21	23	丛树芬	65	0.38
8	南海成长	880	5.15	24	罗衍涛	60	0.35
9	维梧睿璟	695.8	4.07	25	葛红	50	0.29
10	贵阳众诚	640	3.74	26	马贤鹏	50	0.29
11	景林景途	560	3.27	27	付爱玲	45	0.26
12	贵阳黔景泰	500	2.92	28	杨天志	30	0.18
13	罗斌	240	1.40	29	张亚君	30	0.18
14	罗丽	240	1.40	30	车正英	30	0.18
15	王永红	230	1.35	合计		17 100	100
16	倪晓	145	0.85				

景峰制药是以创新药为核心、以首仿药为主流、以简单仿制药为补充的专业药品高新技术制造企业，同时具备药品和医疗器械（三类）生产许可。公司拥有三个生产基地，分别位于上海市宝山区和贵州省贵阳市乌当区、修文县扎佐镇。上海基地的小容量注射剂、玻璃酸钠原料药、酊剂均已通过国家 GMP 认证；贵州基地的主要生产线有冻干粉针制剂、小容量注射剂、大容量注射剂、丸剂（浓缩丸）、硬胶囊剂、颗粒剂、气雾剂，也均已通过国家 GMP 认证。

公司产品类别主要为心脑血管、骨科两大类，即心脑血管用药参芎葡萄糖注射液和骨科退行性关节炎用药玻璃酸钠注射液，其中参芎葡萄糖注射液产品市场占有率在国内心脑血管注射液市场占有率名列第七，玻璃酸钠制剂产品市场占有率位居中国第二。

景峰制药2011年、2012年及2013年1—6月资产负债状况及经营情况如表5—77和表5—78所示。

表5—77 **资产负债状况** 单位：万元

项目	2011年12月31日	2012年12月31日	2013年6月30日
流动资产合计	18 816.72	37 483.19	37 637.54
非流动资产合计	15 897.96	18 458.63	38 474.10
资产合计	34 714.68	55 941.82	76 111.64
流动负债合计	13 384.36	8 439.49	8 920.42
非流动负债合计	3 817.76	0.00	6 200.00
负债合计	17 202.12	8 439.49	15 120.42
所有者权益合计	17 512.56	47 502.33	60 991.23
负债及所有者权益合计	34 714.68	55 941.82	76 111.64

表5—78 **收入利润情况** 单位：万元

项目	2011年度	2012年度	2013年1—6月
一、营业收入	15 255.13	21 233.72	10 908.43
二、营业利润	4 069.85	6 936.22	2 388.92
三、利润总额	4 122.41	13 828.02	2 636.76
四、净利润	3 632.69	12 248.91	2 238.90

在表5—77和表5—78中，景峰制药2011年、2012年和2013年1—6月份会计报表已经立信会计师事务所（特殊普通合伙）审计，并出具信会师报字［2013］第113740号无保留意见的审计报告。

（二）景峰制药资产评估情况

北京中天华分别采用了资产基础法和收益法两种方法对景峰制药股东

全部权益进行评估，得出景峰制药股东全部权益价值在 2013 年 6 月 30 日的评估结论如下。

1. 资产基础法评估结果

景峰制药评估资产账面值为 76 111.64 万元，评估值为 269 630.37 万元，评估增值 193 518.73 万元，增值率 254.26%，主要是长期股权投资、固定资产、无形资产评估增值；负债账面值为 15 120.42 万元，评估值为 15 120.42万元，无增减值；净资产账面值为 60 991.23 万元，评估值为 254 509.95万元，评估增值 193 518.72 万元，增值率 317.29%（见表 5—79）。

表 5—79　　单位：万元

项目	账面价值	评估价值	增减值	增值率（%）
	A	B	C=B−A	D=C/A×100
流动资产	37 637.54	37 765.19	127.65	0.34
非流动资产	38 474.10	231 865.18	193 391.08	502.65
其中：长期股权投资	24 242.63	212 595.40	188 352.77	776.95
固定资产	11 513.86	14 466.05	2 952.19	25.64
无形资产	2 492.85	4 578.96	2 086.11	83.68
长期待摊费用	185.46	185.46	0.00	0.00
递延所得税资产	39.31	39.31	0.00	0.00
资产总计	76 111.64	269 630.37	193 518.73	254.26
流动负债	8 920.42	8 920.42	0.00	0.00
非流动负债	6 200.00	6 200.00	0.00	0.00
负债总计	15 120.42	15 120.42	0.00	0.00
净资产	60 991.23	254 509.95	193 518.72	317.29

2. 收益法评估结果

采用收益法评估的景峰制药股东全部权益价值为 344 799.35 万元，与账面净资产 60 991.23 万元相比，增值 283 808.12 万元，增值率为 465.33%。①

① 根据前次申报材料，以评估机构采用收益法的评估结果 350 185.99 万元作为评估结论。

评估机构利用收益法对景峰制药母公司及主要长期投资公司进行了评估，并将长投公司的收益法估值作为非经营性资产加回到母公司的估值内。

各家公司采用的贴现率见表 5—80。

表 5—80

被投资单位名称	2013 年 7—12 月	2014 年	2015 年	2016 年	2017 年	2018 年	永续期
景峰制药 （母公司）（%）	11.33	11.33	11.33	11.33	11.33	11.33	11.33
景峰注射剂（%）	11.47	11.47	11.47	11.47	11.47	11.47	11.47
安泰药业（%）	11.98	11.98	11.98	11.98	11.98	11.98	11.98
景峰医药（%）	11.39	11.39	11.39	11.39	11.39	11.39	11.39

母公司现金流计算情况见表 5—81。

表 5—81

项目	2013 年 7—12 月	2014 年	2015 年	2016 年	2017 年	2018 年	永续年度
企业自由 现金流量（万元）	2 682.87	4 126.79	6 977.56	9 181.06	11 723.46	14 760.04	16 202.18
企业 WACC（%）	11.33	11.33	11.33	11.33	11.33	11.33	11.33
贴现期	0.50	1.50	2.50	3.50	4.50	5.50	
贴现系数	0.95	0.85	0.76	0.69	0.62	0.55	4.89*
各期现值（万元）	2 542.69	3 513.14	5 335.51	6 306.01	7 232.80	8 179.51	79 249.38

* 4.89 系未来永续年期贴现系数，即将当年的稳定期现金流乘以 4.89，即将得到未来永续期全部现金流资本化后的现值。

经计算，经营性资产价值为 112 359.04 万元。

3. 非经营性或溢余性资产估算

评估公司经过核实，在基准日经审计的会计报表披露中有如下一些资产的价值在其估算的经营性资产价值中未予考虑，应属本次所估算的经营

性资产价值之外的长期投资、溢余性或非经营性资产。

（1）预期收益（自由现金流量）中未体现投资收益的全资、控股或参股投资用 $C1$ 表示（见表 5—82）。

表 5—82　　**长期股权投资评估结果汇总表**　　单位：万元

被投资单位名称	账面价值	被投资单位股东全部权益价值	持股比例（%）	长期股权投资评估价值	增值额	增值率（%）
景峰注射剂	2 361.00	184 536.56	100	184 494.40	182 133.40	7 714.25
景峰医药	200.00	6 412.73	100	6 420.06	6 220.06	3 110.03
安泰药业	19 600.00	28 510.79	70	19 817.69	217.69	1.11
科新医药	494.63	989.26	50	494.63		0
慧聚药业	1 587.00	13 686.24	10	1 368.62	−218.38	−13.76
合计	24 242.63	234 135.58		212 595.40	188 352.77	

故企业有预期收益（自由现金流量）中未体现投资收益的全资、控股或参股投资 $C1$＝212 595.40 万元。

（2）基准日溢余性资产价值用 $C2$ 表示。

企业有预期收益（自由现金流量）中未体现未计及收益的溢余性资产价值 $C2$＝13 771.52 万元。①

（3）基准日非经营性资产（负债）价值用 $C3$ 表示。

根据分析预期收益（自由现金流量）中未计及收益的非经营性资产价值 $C3$＝1 7818.39 万元。②

（4）基准日存在的非经营性或溢余性资产的价值＝$C1$＋$C2$＋$C3$＝212 595.40＋13 771.52＋1 7818.39＝244 185.31（万元）。③

① 该资产为由于刚刚增资吸收的未规划使用的货币资金 12 929.85 万元及正在试制的尚不能预计未来收益无形资产专利技术 841.67 万元。

② 该项资产及负债为预付账款中设备款及工程款、其他应收款、应收股利等资产 18 262.93 万元和应付账款中的设备款及工程款、应付股利款等负债账面金额 444.54 万元之差。

③ 以上数据采用了评估说明中评估师对于企业的分析数字。

（5）付息负债的价值。

根据企业的成本法明细表，企业存在短期借款 3 045.00 万元、一年内到期的非流动负债 2 500.00 万元和长期借款 6 200.00 万元。上述负债合计 11 745.00 万元。

（6）评估价值计算。

①企业整体价值的确定。

企业整体价值＝企业自由现金流量贴现值＋溢余资产价值＋非经营性资产价值

＝112 359.04＋244 185.31

＝356 544.35（万元）

②股东全部权益价值。

评估基准日股东全部权益价值＝企业整体价值－付息负债

＝356 544.35 －11 745.00

＝344 799.35（万元）

（三）可比公司法重估景峰制药价值

1. 可比公司的选择

根据同花顺提供的数据，本着所选取的样本公司应具有较强的可比性的原则，选取标准如下：

（1）可比公司同属中药制药行业；

（2）剔除以保健品为主要营业收入的公司；

（3）剔除了营业收入规模与景峰制药相差较大的公司，但对于同样生产治疗心脑血管疾病药物的企业则予以保留。

根据前述原则，与景峰制药可比的上市公司共有 14 家，具体如表 5—

83 所示。

表 5—83

序号	证券名称	证券代码	行业分类
1	信邦制药	002390. SZ	中药Ⅱ
2	太安堂	002433. SZ	中药Ⅱ
3	羚锐制药	600285. SH	中药Ⅱ
4	益盛药业	002566. SZ	中药Ⅱ
5	众生药业	002317. SZ	中药Ⅱ
6	奇正藏药	002287. SZ	中药Ⅱ
7	九芝堂	000989. SZ	中药Ⅱ
8	上海凯宝	300039. SZ	中药Ⅱ
9	千金药业	600479. SH	中药Ⅱ
10	以岭药业	002603. SZ	中药Ⅱ
11	中恒集团	600252. SH	中药Ⅱ
12	益佰制药	600594. SH	中药Ⅱ
13	昆明制药	600422. SH	中药Ⅱ
14	天士力	600535. SH	中药Ⅱ

资料来源：同花顺 iFinD。

2. 可比公司财务数据统计及估值指标计算

我们对所有可比公司 2010 年 12 月 31 日—2013 年 6 月 30 日的财报数据、权益数据进行了收集整理。各家可比公司扣非调整后的财务指标及衍生财务数据如表 5—84 至表 5—87 所示。

表 5—84　　2010 年扣非后财务数据

证券名称	证券代码	EBITDA（万元）	EBIT（万元）	销售收入（万元）	ROE（%）	收入增长率（%）
信邦制药	002390. SZ	5 077.65	4 335.15	31 862.77	5.5	－5.4
太安堂	002433. SZ	7 399.56	6 687.22	31 403.55	9.0	8.9
羚锐制药	600285. SH	4 674.20	2 770.33	38 123.88	1.3	－17.7
益盛药业	002566. SZ	11 552.13	10 008.98	51 622.41	26.2	24.4
众生药业	002317. SZ	16 157.76	14 625.84	64 071.48	9.2	16.2
奇正藏药	002287. SZ	16 354.71	15 470.85	52 364.52	12.9	11.6
九芝堂	000989. SZ	21 912.26	18 045.61	112 238.98	11.6	1.2
上海凯宝	300039. SZ	14 519.57	13 230.98	60 341.44	9.1	31.5

续前表

证券名称	证券代码	EBITDA（万元）	EBIT（万元）	销售收入（万元）	ROE（%）	收入增长率（%）
千金药业	600479. SH	11 374. 78	7 335. 00	97 944. 38	6. 5	8. 3
以岭药业	002603. SZ	42 059. 25	37 160. 92	164 932. 01	32. 9	1. 0
中恒集团	600252. SH	58 809. 83	56 209. 09	142 569. 73	47. 9	100. 1
益佰制药	600594. SH	27 453. 19	22 682. 60	146 746. 50	23. 9	12. 2
昆明制药	600422. SH	14 473. 48	10 835. 04	181 723. 76	10. 5	26. 6
天士力	600535. SH	71 241. 84	59 627. 97	465 159. 11	15. 6	16. 5

表 5—85　　2011 年扣非后财务数据

证券名称	证券代码	EBITDA（万元）	EBIT（万元）	销售收入（万元）	ROE（%）	收入增长率（%）
信邦制药	002390. SZ	4 982. 26	4 302. 57	36 186. 48	4. 5	13. 6
太安堂	002433. SZ	9 788. 83	8 382. 96	41 736. 74	7. 2	32. 9
羚锐制药	600285. SH	3 863. 47	1 881. 52	44 877. 82	1. 9	17. 7
益盛药业	002566. SZ	10 890. 63	9 077. 87	52 892. 53	10. 2	2. 5
众生药业	002317. SZ	17 083. 59	15 105. 39	75 064. 38	10. 1	17. 2
奇正藏药	002287. SZ	19 742. 37	18 517. 55	78 922. 51	13. 2	50. 7
九芝堂	000989. SZ	23 861. 23	21 009. 41	114 980. 56	13. 2	2. 4
上海凯宝	300039. SZ	18 649. 19	16 468. 16	81 996. 86	12. 0	35. 9
千金药业	600479. SH	15 759. 15	11 540. 94	125 652. 73	9. 6	28. 3
以岭药业	002603. SZ	54 921. 84	48 978. 08	195 321. 14	17. 4	18. 4
中恒集团	600252. SH	47 455. 73	43 681. 14	115 055. 13	17. 8	—19. 3
益佰制药	600594. SH	38 728. 30	33 479. 93	190 333. 53	25. 2	29. 7
昆明制药	600422. SH	21 246. 85	17 540. 27	243 400. 81	13. 9	33. 9
天士力	600535. SH	89 401. 64	77 000. 60	656 966. 46	14. 7	41. 2

表 5—86　　2012 年扣非后财务数据

证券名称	证券代码	EBITDA（万元）	EBIT（万元）	销售收入（万元）	ROE（%）	收入增长率（%）
信邦制药	002390. SZ	5 914. 96	5 159. 52	44 757. 21	4. 1	10. 0
太安堂	002433. SZ	15 012. 68	12 447. 81	51 787. 65	5. 5	21. 6
羚锐制药	600285. SH	6 772. 11	4 481. 92	56 270. 08	4. 4	6. 7
益盛药业	002566. SZ	9 599. 70	7 423. 97	60 050. 32	5. 2	13. 1

续前表

证券名称	证券代码	EBITDA（万元）	EBIT（万元）	销售收入（万元）	ROE（%）	收入增长率（%）
众生药业	002317.SZ	20 087.21	17 489.83	88 643.32	11.2	17.1
奇正藏药	002287.SZ	21 458.11	19 873.02	93 427.47	13.4	25.8
九芝堂	000989.SZ	13 268.59	10 643.29	104 241.50	6.1	−2.0
上海凯宝	300039.SZ	27 391.13	24 643.26	110 200.49	16.4	33.9
千金药业	600479.SH	18 754.74	14 337.59	158 342.27	10.9	20.5
以岭药业	002603.SZ	21 206.74	14 926.19	164 867.63	4.3	0.3
中恒集团	600252.SH	68 012.27	63 255.05	194 571.85	16.7	39.8
益佰制药	600594.SH	45 729.59	40 555.06	225 257.55	23.4	19.9
昆明制药	600422.SH	28 241.78	23 839.81	301 602.18	16.9	28.1
天士力	600535.SH	118 638.03	102 979.06	930 145.58	18.7	32.6

表 5—87　　2013 年扣非后财务数据

证券名称	证券代码	EBITDA（万元）	EBIT（万元）	销售收入（万元）	ROE（%）	收入增长率（%）
信邦制药	002390.SZ	7 496.88	5 501.34	56 948.79	3.9	—
太安堂	002433.SZ	20 113.18	16 364.89	78 516.58	6.9	—
羚锐制药	600285.SH	10 835.35	7 918.03	68 697.48	12.8	—
益盛药业	002566.SZ	8 286.84	6 389.97	64 389.67	5.4	—
众生药业	002317.SZ	22 071.46	19 033.90	109 002.77	11.5	—
奇正藏药	002287.SZ	23 314.51	20 860.18	96 946.68	15.6	—
九芝堂	000989.SZ	14 748.34	12 283.77	121 184.41	15.0	—
上海凯宝	300039.SZ	35 858.42	32 902.38	132 321.54	21.1	—
千金药业	600479.SH	20 464.75	15 210.63	197 285.51	12.5	—
以岭药业	002603.SZ	31 769.69	23 779.40	249 016.15	6.0	—
中恒集团	600252.SH	83 833.25	78 426.71	399 669.76	21.9	—
益佰制药	600594.SH	58 486.59	52 963.06	278 490.00	24.8	—
昆明制药	600422.SH	32 914.36	28 401.03	358 429.49	17.2	—
天士力	600535.SH	167 761.67	147 157.28	1 110 806.59	28.1	—

注：由于基准日前 12 个月的收入增长率不具备可比性，因此不做该指标的比较。

根据我们的整理计算的景峰制药同一时期的扣非后财务数据见表 5—88。

表 5—88

景峰制药	销售收入（万元）	调整后 EBITDA（万元）	调整后 EBIT（万元）	调整后 ROE（%）	销售收入增长率（%）
2010 年	37 580.06	5 223.65	4 202.00	24.1	29.12
2011 年	61 420.62	9 457.30	6 576.63	25.2	63.44
2012 年	94 380.27	13 541.48	11 805.54	24.9	53.66
LTM	114 601.32	16 022.44	13 912.56	23.7	—
2013 年已经完成数	141 941.09	23 378.83	20 932.66	20.8	50.39

注：以上数据为企业财务报表合并数据。

3. 对可比公司进行指标排序，确定最佳可比公司

我们分别按照各年销售收入、ROE、历史增长率、EBITDA 四个指标对所有的可比公司和景峰制药的财务指标进行了排序，分别将与景峰制药的财务指标最为接近的 5 家公司作为最佳可比公司的候选，最后以在最佳可比公司候选中出现频率最高的三家上市公司作为最佳可比公司（见表 5—89）。

表 5—89

证券名称	证券代码	出现频率（次）
奇正藏药	002287.SZ	8
益盛药业	002566.SZ	7
上海凯宝	300039.SZ	7

同时我们将其余的可比公司作为参考。

4. 计算可比公司估值交易乘数

我们计算可比公司企业价值的方式为：

$$\text{企业价值}=\text{股权价值}+\text{付息负债}+\text{非控股的权益}-\text{现金及现金等价物}$$

式中，股权价值为可比公司的年报日的总股本乘以区间内前复权的成交均价。其余数据均来源于可比公司当年财报数据（见表 5—90）。

表 5—90

年份	证券名称	证券代码	EV(万元)	EBITDA（万元）	EBIT（万元）	销售收入（万元）	EV/EBITDA	EV/EBIT	EV/销售收入
2011 年	益盛药业	002566. SZ	111 317. 43	10 890. 63	9 077. 87	52 892. 53	10. 22	12. 26	2. 10
2011 年	奇正藏药	002287. SZ	813 554. 88	19 742. 37	18 517. 55	78 922. 51	41. 21	43. 93	10. 31
2011 年	上海凯宝	300039. SZ	192 792. 35	18 649. 19	16 468. 16	81 996. 86	10. 34	11. 71	2. 35
2012 年	益盛药业	002566. SZ	245 481. 82	9 599. 70	7 423. 97	60 050. 32	25. 57	33. 07	4. 09
2012 年	奇正藏药	002287. SZ	628 087. 99	21 458. 11	19 873. 02	93 427. 47	29. 27	31. 61	6. 72
2012 年	上海凯宝	300039. SZ	152 741. 82	27 391. 13	24 643. 26	110 200. 49	5. 58	6. 20	1. 39
2013 年	益盛药业	002566. SZ	294 361. 25	10 335. 50	8 035. 13	63 236. 54	28. 48	36. 63	4. 65
2013 年	奇正藏药	002287. SZ	635 711. 28	22 458. 44	20 487. 04	105 193. 59	28. 31	31. 03	6. 04
2013 年	上海凯宝	300039. SZ	499 807. 91	32 936. 86	30 034. 38	124 890. 54	15. 17	16. 64	4. 00

所选择收益类参数为扣非调整后的 EBITDA、EBIT 和销售收入。具体的交易乘数为：

- 可比公司企业价值与息税前收益乘数（EV/EBIT）。
- 可比公司企业价值与息税折旧摊销前收益乘数（EV/EBITDA）。
- 可比公司企业价值与销售收入乘数（EV/销售收入）。

5. 景峰制药与可比公司的比较分析

景峰制药主要从事医药产品的研发、制造与销售，主营业务定位于心脑血管用药和骨科用药两大领域，主要产品为参芎葡萄糖注射液、玻璃酸钠注射液，产品的疗效范围以心脑血管疾病和骨科疾病为主，2012 年度营业收入为 94 380.27 万元，扣除非经常性损益后归属于母公司所有者的净利润为 9 160.13 万元，投资收益为－4.97 万元。景峰制药母公司、景峰注射剂、安泰药业均为高新技术企业，多年的医药行业经营经验积累了大量的经验，生产技术和工艺已较为成熟。

（1）销售模式。

景峰制药在市场准入、销售渠道、学术及品牌营销、财务结算统一控制的前提下，终端销售采取充分资源整合的涵盖自营、外包和代理的混合型销售模式。在自营模式下，景峰制药利用自建终端销售队伍进行产品的专业学术推广；在外包模式下，景峰制药将专业学术推广工作外包给职业销售代表；在上述两种模式下，产品的销售推广依赖于景峰制药的终端渠道、学术资料、培训等资源。在景峰制药终端资源相对薄弱的地区，景峰制药与医药销售公司进行合作推广产品，以代理模式销售产品。根据景峰制药的规划，未来景峰制药将更多地采用自营和外包方式进行产品销售，代理模式的比重将逐渐下降。

（2）景峰制药通过技术改造及新建生产线扩大产能。

2008年底，景峰制药及子公司的主要生产线为大容量注射剂生产线和小容量注射剂生产线，其中大容量注射剂生产线主要生产参芎葡萄糖注射液，年产能为500万瓶，小容量注射剂生产线主要生产玻璃酸钠注射液，年产能为90万支。

叶湘武实际控制景峰制药以后，景峰制药对大容量注射剂及小容量注射剂生产线进行了相应的技术改造及新建：1）在原有的大容量注射剂生产线的基础上添置了包括注射用水机、螺杆式空压机、水浴灭菌柜、超声波洗瓶机等先进设备；2）按照新版GMP标准新建一个参芎葡萄糖注射液生产车间，整条新生产线的自动化水平及生产能力相对于老的生产线显著提高；3）按照新版GMP标准新建玻璃酸钠原料药及玻璃酸钠注射液生产线。通过以上生产线投资建设，景峰制药的产能得以大幅提升。截至2013年10月底，景峰制药参芎葡萄糖注射液的产能为4 500万瓶，玻璃酸钠注射液的产能为250万支。技术改造及新建生产线为景峰制药扩大业务规模提供了产能支撑（见表5—91）。

5—91

产品名称	2008年底产能	2013年10月底产能
参芎葡萄糖注射液（万瓶/年）	500	4 500
玻璃酸钠注射液（万支/年）	90	250

玻璃酸钠注射液细分市场属于骨科关节腔注射用凝胶市场。根据南方医药经济研究所的研究数据，预计2012—2019年我国骨科关节腔注射用凝胶市场销售额将由11.74亿元增长至32.30亿元，景峰制药生产的玻璃酸钠注射液2012年的市场份额为24.97%，市场排名第二。

参芎葡萄糖注射液细分市场属于心脑血管中药注射剂市场。根据南方医药经济研究所的研究数据，预计2012—2019年我国心脑血管中药注射剂市场销售额将由451亿元增长至1 010亿元，景峰制药生产的参芎葡萄糖注射液2012年的市场份额为2.86%，市场排名第七，预测其将继续保持良好的增长态势。

因此在选择可比公司时，我们也关注可比公司是否有如下特点：

第一，产品为心脑血管疾病、骨关节疾病用药或为中药注射剂；

第二，市场份额如何，是否排名较为靠前；

第三，是否存在产能瓶颈，未来是否具有发展潜力，预计年收入的发展速度；

第四，利润水平如何，是否与景峰制药相近；

第五，销售渠道是否与景峰接近，处于产业链的什么位置。

我们查阅了候选可比公司的年报及临时报告等公开披露信息，情况如下：

(1) 可比公司一：益盛药业。

吉林省集安益盛药业股份有限公司（证券名称：益盛药业，证券代码：002566）的主要业务以治疗心脑血管疾病的中药注射液、胶囊的研发、生产和销售为主。2011年3月14日，首次公开发行普通股（A股），实际募集资金净额计人民币103 922万元，超募资金计人民币76 289.38万元。2012年利用募集资金完成2亿枚胶囊、1亿支针剂生产线和省级研发中心的建设。2012年度，公司实现营业总收入60 050.32万元，同比增长13.53%；实现利润总额11 458.49万元，同比增长1.44%；实现净利润9 730.96万元，同比增长0.54%。2013年公司中药注射剂产品延续快速增长势头。继2012年公司生脉、

香丹等心脑血管注射剂产品实现近50%的同比增幅后，2013年第1季度继续保持约9.8%同比增幅的增长势头；而清开灵注射剂产品也以23.07%的同比增幅延续前期的增长势头。作为公司最大盈利来源的振源胶囊等胶囊剂产品正在走出“毒胶囊”事件的低谷。2013年第1季度公司振源胶囊心脑血管胶囊产品与桂附地黄胶囊产品销售止跌回升，分别实现14.55%与34.65%的正增长，心悦胶囊更是实现了高达59.2%的巨大增幅。公司通过专业化学术推广的营销模式，提高医院和医生对公司以及公司药品的信任度。多家机构预测企业未来3年收入平均增长率达到20%以上。与景峰药业相比，益盛药业产品服务行业相同，现金充裕，未来成长性趋同，净利润率历史略高，预期景峰制药未来利润率水平与益盛药业持平。

（2）可比公司二：奇正藏药。

西藏奇正藏药股份有限公司（证券名称：奇正藏药，证券代码：002287）是一家藏药生产企业，主要从事新型藏药的研发、生产和销售，涵盖了心脑血管、呼吸系统、消化系统、泌尿生殖系统、神经系统、骨骼肌肉系统、妇科疾患等领域的产品。公司外用疼痛品类的品牌愿景是致力成为骨骼关节健康领域天然药物解决方案的领导者，在中国外用止痛药物市场连续六年销售排名第一，位居首届OTC产品排行榜中药外科类榜首，名列非处方药重点品牌，全年实现营业总收入9.34亿元，较上年同期增长18.38%；利润总额2.23亿元，较上年同期增长9.81%；归属于上市公司股东净利润1.9亿元，较上年同期增长11.4%；净资产收益率14.82%，较上年同期增长0.67%。销售渠道与景峰制药基本相同，通过医院服务患者，目前二级以上医院有9 000多家，公司覆盖其中2 700～2 800家，占30%。未来的发展方向是主要通过扩大基层市场的覆盖率来增加销售，2013 年已经增加 200 人的销售队伍来做基层市场，2014 年预计会增加更多在县级及社区医院的销售覆盖。多家机构预测企业未来 3 年收入平均增长率达到 30%左右。与景峰药业相比，奇正藏药产品服务行业大类趋同，主业不完全相同，现金充裕，未来成长性趋同，净利润率历史略高，预期景峰制药未来利润率水平与益盛药业持平。

(3) 可比公司三：上海凯宝。

上海凯宝药业股份有限公司（证券名称：上海凯宝，证券代码：300039）专注生产清热解毒类中成药注射剂。2012 年，公司实现了上市公司对外披露的三年规划目标，产能完全释放；小容量注射剂生产线全部通过新版 GMP 认证；痰热清新的质量标准正式实施；三期工程按计划如期开工。在报告期内，公司实现营业收入 110 200.49 万元，比 2011 年同期增长 34.40%，实现利润总额 28 617.46 万元，比 2011 年同期增长 44.38%，实现净利润 24 219.20 万元，比 2011 年同期增长 44.54%。公司主导产品痰热清注射液属于独家品种，质量稳定、疗效显著，处于细分市场领先地位，占清热解毒类中药注射剂的市场份额逐年提高。在 2012 年中国中药行业呼吸系统疾病类优秀产品中位列首位。销售渠道与景峰制药相同，采用学术、专业营销方式向医生推介。多家机构预测企业未来 3 年收入平均增长率达到 25%左右。与景峰药业相比，上海凯宝产品服务行业大类不相同，产品的给药方式相同，均属于中药行业，现金充裕，未来成长性趋同，净利润率历史略高，预期景峰制药未来利润率水平与上海凯宝持平。

由上可见，上述三家公司与景峰制药具有高度相关性，尤其在业绩驱动因素方面与景峰制药趋同，具有一定的可比性（见表 5—92）。

表 5—92

	证券名称	证券代码	交易乘数								
			EV/EBITDA			EV/EBIT			EV/销售收入		
			2011	2012	LTM	2011	2012	LTM	2011	2012	LTM
最佳可比公司	奇正藏药	002287. SZ	41. 21	29. 27	28. 31	43. 93	31. 61	31. 03	10. 31	6. 72	6. 04
	益盛药业	600422. SH	10. 22	25. 57	28. 48	12. 26	33. 07	36. 63	2. 10	4. 09	4. 65
	上海凯宝	300039. SZ	10. 34	5. 58	15. 17	11. 71	6. 20	16. 64	2. 35	1. 39	4. 00
		中位数			25. 57			31. 03			4. 09
		平均值			21. 57			24. 79			4. 63

各家可比公司 2011 年、2012 年、2013 年的交易乘数汇总比较如下：

考虑到税息折旧摊销前收益可以在减少资本结构影响的基础上最大限度地减少由于企业折旧/摊销政策不同所可能带来的影响；而销售收入对于医药企业的市场份额影响巨大，也影响了企业未来收入的增长的基数，进而决定了企业的价值。因此，我们采用 EV/EBITDA 乘数和 EV/销售收入乘数作为估值乘数。因此所选择的乘数区间见表 5—93。

表 5—93

可比公司 EV/EBITDA		可比公司 EV/销售收入	
21.57	25.57	4.09	4.63

6. 可比公司法估值区间

通常情况下，根据可比公司乘数，选择企业多期的财务数据计算估值结果，但由于景峰制药过去几年投资较大，但还没有形成盈利能力，历史盈利数据不能反映其真实价值，因此我们以景峰制药 2013 年经审计扣非后的 EBITDA、销售收入作为被乘数，以此来计算该公司评估基准日的价值区间（见表 5—94 和表 5—95）。

表 5—94

年份	调整后 EBITDA	EV/EBITDA		付息负债	股权价值	
		21.57	25.57			
2013 年（万元）	23 378.83	504 281.31	597 796.62	27 480.00	476 801.31	570 316.62

表 5—95

年份	调整后 EBITDA	EV/销售收入		付息负债	股权价值	
		4.09	4.63			
2013 年（万元）	137 677.37	563 100.44	637 446.22	27 480.00	535 620.44	609 966.22

注：上述调整后 EBITDA 扣除了非经常性损益和少数股东损益，销售收入扣除了归属少数股东部分。

从以上计算结果可知，以景峰制药经营性资产 2013 年度 EBITDA 为被乘数形成的隐含价值区间为 476 801.31 万元～570 316.62 万元；以销售收入为被乘数形成的隐含价值区间为 535 620.44 万元～609 966.22 万元。由此形成的景峰制药经营性资产评估基准日隐含价值区间为 476 801.31万元～609 966.22 万元。

同时，也可以上述两个乘数计算的股权价值的估值端点均值为谨慎的隐含估值区间，即（476 801.31＋535 620.44）/2＝506 210.88（570 316.62＋609 966.22）/2＝590 141.42（万元）。所得到的隐含价值区间为506 210.88万元～590 141.42 万元。

根据第四章的研究结论，在可比公司法估值结果基础上应考虑流动性折扣因素。根据同花顺、CVSource 提供的数据，通过对非上市公司并购市盈率与上市公司市盈率进行比较分析，估算 2013 年医药、生物制品行业缺少流动性折扣率为 55.50%，据此计算的景峰制药经营性资产隐含价值区间为

506 210.88×（1－55.50%）＝225 263.84（万元）

590 141.42×（1－55.50%）＝262 612.93（万元）

即隐含价值区间为 225 263.84 万元～262 612.93 万元。

同时，还应考虑可比公司的股权价值实际上是利用可比公司的成交均价计算得出的，是少量在市面流通的股权的交易，并不能代表全部股东权益价值，所以，还应考虑少数股权控制权转移溢价问题。同样利用国内较新的少数股权控制权折扣率的计算方式，根据 CVSource 提供的统计数据，2013 年市场交易案例中平均折扣率为 25.00%，即：折价后股权价值＝直接测算股权价值/（1－少数股权控制权折扣率），则景峰制药经营性资产估值结果为 300 351.79 万元～350 150.57 万元。

同时我们根据扣非数据计算出的是景峰制药经营性资产的价值，根据评估说明分析可知，景峰制药对应的溢余资产价值为 20 774.49 万元，因

此在计算景峰制药的整体企业价值时，应当在经营性资产估值结果上，计入上述溢余资产价值，则景峰制药经营性资产估值结果为 321 126.28 万元～370 925.06 万元。

（四）可比公司法估值结果与收益法评估结果的分析验证

如前所述，中天华评估公司出具的评估报告收益法评估结果为 344 799.35万元，他们使用的综合贴现率见表 5—96。

表 5—96

被投资单位名称	2013 年 7—12 月	2014 年	2015 年	2016 年	2017 年	2018 年	永续期
景峰制药（%）	11.33	11.33	11.33	11.33	11.33	11.33	11.33
景峰注射剂（%）	11.47	11.47	11.47	11.47	11.47	11.47	11.47
安泰药业（%）	11.98	11.98	11.98	11.98	11.98	11.98	11.98
景峰医药（%）	11.39	11.39	11.39	11.39	11.39	11.39	11.39

采用年终贴现法，我们按照上下变动 1%进行敏感性分析，得到收益法评估值隐含价值区间为 310 431.49 万元～386 069.01 万元（见表 5—97）。①

表 5—97

贴现率变动值（年终贴现） / 标的公司	−1.0%	−0.5%	0%	0.5%	1.0%
景峰制药（万元）	386 069.01	364 452.33	344 799.35	326 861.85	310 431.49

将可比公司法与收益法估值区间放到一起比较，我们可以发现交集为 34.48 亿元～36.45 亿元，如果将其区间作为定价参考依据比较恰当（见图 5—8）。

① 评估师按照惯例将评估结果确定为一个固定值，但实际上考虑到收益法的估值结论受到多方面的影响，尤其是贴现率的波动对于评估结果具有明显的影响，因此我们对评估结果进行敏感性分析。

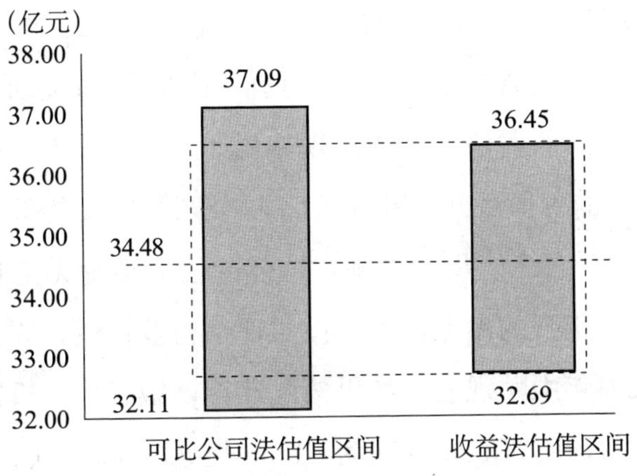

图 5—8

(五) 案例点评

通过巨潮资讯网站我们查阅到，该案例资产评估报告有过较大修改，主要是第二次上会时景峰制药 2013 年度财务报表已经由立信会计师事务所审计，并出具了审计报告。故评估机构在进行修订时，将景峰制药 2013 年 7—12 月的收入、成本、费用按照企业 2013 年已实现的财务数据进行了修订，并将资本性支出中更新支出修订为与折旧摊销数据一致，同时根据景峰制药母、子公司的实际情况修订了资本结构和贴现率。修改前的评估结果是：资产基础法评估为 26.98 亿元，收益法评估为 35.02 亿元，两者相差 29.80%；修改后的评估结果是：资产基础法评估为 26.96 亿元，收益法评估为 34.48 亿元，两者相差 27.89%。显而易见，两种方法评估结果没有交集，相互验证没有实质意义。如果将这样的评估结论作为并购双方决策层决策参考和社会投资者投资参考，不仅没有意义，可能还会造成误读误判，有人可能会认为资产被高估；也会有人认为是评估师低估了资产；多数非专业人士甚至根本就不相信评估。然而，通过运用可比公司法重估该企业隐含的内在价值，我们得到32.11亿元～37.09亿元的价值区间；进而又对收益法运用的贴现率做了敏感性分析，我们得到31.04亿元～38.61亿元的价值区间，并建议将两个区间的交集部分34.48亿元～36.45亿元作为定价参考。毋庸置疑，这样的估值结论无论是对并购双方还是对社会各界都有很强的参考价值。按照评估行业惯例，收益法评估运用的贴现率多数是采取年中贴现法，如果按此计算，敏感性分析区间均为贴现率的－0.5%～0.5%，所以取值区间为34.59亿元～38.39亿元之间，这样一来，可供参考的价值区间会进一步缩小，参考意义加大（见表5—98）。

表5—98

贴现率变动值（年中贴现）／标的公司	－1.00%	－0.50%	0.0%	0.50%	1.00%
景峰制药（万元）	405 773.84	383 921.17	350 922.54	345 873.49	329 221.68

医药行业是我国国民经济的重要组成部分，是传统产业和现代产业相结合，融一、二、三产业为一体的产业。该行业与人民生活息息相关，是为人民防病治病、康复保健、提高民族素质的特殊产业。在保证国民经济健康、持续发展中，医药行业起到了积极的、不可替代的“保驾护航”作用。同时，该行业也是改革开放以来发展速度较快的行业之一，据统计全国现有医药工业企业4 747家，可以生产化学原料药近1 500余种，总产量292.19万吨，位居世界第一位。但是，由于历史和现实的原因，医药企业存在的矛盾和问题依然很多，最突出的是：企业多、小、散、乱，缺乏大型龙头企业带动，236家中大型企业占总的市场份额不到15%，多数企业专业化程度不高，缺乏自身的品牌和特色品种，不仅规模小、生产条件差、工艺落后、装备陈旧、管理水平低，而且布局分散，企业的生产集

中度远远低于先进国家的水平。2013年，我国医药工业销售额最大的50家企业的收入占比是34.28%，而世界前50家制药企业的销售额占全世界药品市场份额的63.14%左右。同时，以企业为中心的技术创新体系尚未形成，医药科技投入不足，缺少具有我国自主知识产权的新产品，尤其是化学原料药中90%以上的品种是“仿制”产品。另外，高性能的医疗器械产品主要依靠进口。有鉴于此，可以预期，今后医药行业的兼并重组会越来越多，也只有通过兼并重组，才能壮大企业规模，增强融资能力。有了融资渠道和可以接受的融资成本，企业才能提高装备水平和研发投入，缩小与国际同行的差距。

与日俱增的医药行业兼并重组必然会推动该行业企业价值评估理论和方法创新。我们认为，评估不同于审计、会计，正如我们反复强调的，评估既是科学又是艺术，不同行业有不同行业的特性，拿放之四海而皆准的评估方法套用所有行业是不科学的。因此，我们希望通过这个案例，给广大读者以一点点启发：评估医药行业企业价值需要严谨、细微和综合预判。

论并购重组定价机制市场化改革

——学习《国务院关于进一步促进资本市场健康发展的若干意见》体会

《国务院关于进一步促进资本市场健康发展的若干意见》（简称“国九条”）指出，鼓励市场化并购重组，充分发挥资本市场在企业并购重组过程中的主渠道作用，强化资本市场的产权定价和交易功能，拓宽并购融资渠道，丰富并购支付方式。尊重企业自主决策，鼓励各类资本公平参与并购，破除市场壁垒和行业分割，实现公司产权和控制权跨地区、跨所有制顺畅转让。在此之前，《国务院关于进一步优化企业兼并重组市场环境的意见》也指出，取消上市公司重大资产购买、出售、置换行为审批（构成借壳上市的除外）……兼并非关联企业不再强制要求作出业绩承诺。改革上市公司兼并重组的股份定价机制，增加定价弹性。非上市公众公司兼并重组，允许实行股份协商定价。我认为，两个重要文件在并购重组方面的核心要义是：推进并购重组市场化，重中之重是定价机制市场化，减少价格刚性，增加定价弹性，尊重企业自主决策，加大相关中介机构责任，监管部门要强化过程监督和事后问责。那么，到底如何实施并购重组定价机制市场化改革呢？我认为关键在于以下三点：

一、实现定价机制市场化改革，前提基础是要形成较为科学严谨的估值体系，估值结果能够满足市场化定价的需要

所谓市场化并购重组，我认为就是减少行政审批，变审核审批制为备案登记制，并购双方在广大中介机构的协助下，依法依规自主作出决策。从并购重组的内容看，简而言之，就是商品交换，只是交易的标的不是日用消费品，而多是企业股权或生产经营所需要的资产。既然是商品交换，前提条件一定是要有价值基础，并购双方必须充分了解标的物的历史成本、重置成本、当前的市场公允价值和隐含的内在价值。所以，我认为，市场化并购中的定价机制改革，首先要研究的就是评估估值问题，包括但不限于谁来估值，用什么方法估值，估值结果如何表述等。而目前并购重组定价依据主要是评估机构的评估值，评估方法主要运用的是资产基础法（以下简称“成本法”）和贴现现金流法（以下简称“收益法”），评估结论表述为绝对值；财务顾问和交易双方决策层仅对评估机构、评估方法和评估结果给予评价，一般都是充分肯定。这种现状不能完全满足市场化并购的定价需要，亟须进行改革和完善。

在并购重组评估问题上目前最突出的问题是成本法与收益法评估结论相差较大，导致相互验证没有实质意义。为什么会有如此大的评估差异？是评估机构的评估有问题吗？回答应该是否定的。评估机构遵循行业评估准则，履行适当的评估程序，得出相应的评估结果，这本身没有什么问题。之所以产生较大评估差异，是因为两种评估方法的内在含义、评估途径和应用领域完全不同。而目前资本市场中大量的并购重组交易涉及的是高速增长的科技及信息行业、以智力资源为主要价值驱动因素的文化产业等等，运用成本法评估这些行业的出售价值显然是达不到目标的。但是不是说，成本法在并购重组中就毫无用途呢？回答也是否定的。对并购方来说，知道被并购方的历史成本和重置成本对会计核算、资产管理、绩效考核，尤其是区分可确指无形资产和不可确指无形资产（即商誉）意义重大。国际上并购重组较为通用的评估方法是收益法，但收益法的评估途径本身也存在天然局限性，就是以若干假设为前提，基于历史判断未来。因此，应用收益法既不能简单地将其结果表述为单一的绝对值；更不能将收益法作为定价的唯一方法，应该同时运用其他性质接近的评估方法互相加以验证，最好能够找到一个相互交集的评估区间，以此作为定价的参考依据。这就是我们致力于研究推广可比公司法的意义所在。

财务顾问，顾名思义，就是要给并购重组双方提供包括交易定价在内的有价值的建议，这也是华尔街投行长盛不衰的意义所在。然而，在过去的并购重组案例中，财务顾问对评估问题一般是这样表述的，“本次评估目的是为公司本次重大资产重组提供合理的作价依据，评估机构实际评估的资产范围与委托评估的资产范围一致；评估机构在评估过程中实施了相应的评估程序，遵循了独立性、客观性、科学性、公正性等原则，运用了合规且符合标的资产实际情况的评估方法，选用的参照数据、资料可靠；资产评估价值公允、准确。评估方法选用恰当，评估结论合理，评估方法与评估目的相关性一致”。有的用同行业上市公司的市盈率来说明被并购企业的定价是恰当合理的，如被收购企业的评估值是 10 亿元，净利润是 5 000万元，由此计算的市盈率是 20 倍。财务顾问通过查找得知本行业上市公司的静态市盈率是 25 倍，则说明该评估值恰当合理。很显然，这样的表述和评价是比较机械和缺乏说服力的，以此作为交易定价的依据也是不够严谨的。因此，我们也极力建议在现有评估估值体系框架下，评估机构根据评估准则提交评估报告，财务顾问运用恰当的、适当简易的估值方法独立估值，以此相互验证，并牵头综合提出定价建议。

二、实现定价机制市场化改革，保障措施是建立和健全规范有效的公司治理，能够做到自主科学决策

国内外实践证明，规范有效的公司治理是企业走向长盛不衰的基石，更是保障并购重组定价机制市场化改革的重要前提。如果这一保障措施不到位，并购双方不能自我约束、科学论证、有效制衡，改革就可能达不到预期目的。那么，什么是规范有效的公司治理呢？在并购重组问题上如何做到科学决策呢？我认为：规范有效的公司治理是指董事会、监事会、管理层要做到：职责清晰、分工明确、有效制衡、科学决策。不同于英美、德日模式，我国公司治理存在着机构多、制衡弱、不独立等一系列问题，当务之急是强化董事会建设，明确界定董事会和管理层的职责边界，强化类似并购重组这样的重大事项的事前论证和事后考核，做到自主科学决策。

董事会责任重大，一方面要对股东和其他利益相关者的切身利益负责，一方面要对经营者起到看管和监督的作用，承载的是重大事项决策的责任。因此，董事会应该做到：独立、专业、多元、合作。一是独立。独立是董事会存在的基本前提，没有独立就谈不到客观，没有客观就谈不到科学。英美体制下的董事会只有 CEO 一人是执行董事，其他董事会成员都是非执行董事，并且执行董事不在董事会专业委员会中担任任何职务；德国采取的是双层体制，决策层和管理层绝对分开，本企业的管理层要转换为治理层成员必须冷冻三年，目的在于保证决策的客观独立性。而我国上市公司的董事会基本不独立，很多面孔是双色的，既是执行董事，又是高管成员，也就是既是裁判员又是运动员，自己给自己下达任务、制定标准，又自我考核、自我奖惩。试想，在这种情况下，董事会决策并购重组事关企业长远发展的重大事项，能够避免不失误吗？二是专业。董事会的主要角色是决策与监督，类似并购重组这样的重大事项，涉及行业、法律、财务、审计、估值等方方面面，董事会一定要由各方面专家组成，并且要是经验丰富、具有实战经验的专家。三是多元。多元包括但不限于知识结构多元、年龄结构多元、来源渠道多元甚至性别多元。大家可以做个实验，同样一个决策事项，交由不同结构的人群去决策，肯定会得出截然不同的结果。有鉴于此，面对越来越多的企业自主决策事项，强化董事会自身的建设是当务之急，势在必行。四是合作。合作就是董事会与管理层既要有挑战，又要充分沟通，尤其是在并购重组问题上更要就并购题材的合理性、交易定价的公允性、并购后的成长性等一系列问题进行实质性沟通。特别要发挥各专门委员会对决策事项的论证作用。并购重组是实施公司长远发展战略的重要组成部分，战略委员会的前期论证十分重要。一项重大并购重组的提出和推进一定是实施发展战略的重要组成部分，战略委员会应进行充分论证，既要分析宏观环境的影响，又要科学计算业务规模、收入、成本、利润、税收、负债结构等各项指标的变化，看一看通过并购重组是否能带来协同效应，是当期产生还是中长期产生，并将论证结果向董事会报告。聘请的财务顾问也应列席或至少要调阅战略委员会的会议纪要，帮助企业制定、评估、完善发展战略，充分说明并购重组的战略意义；董事会审计委员会要认真审核并购重组涉及的审计报告、评估（估值）报告、备考报表、盈利预测报告、对赌协议等一系列财务法律文件，同时要充分关注交易对象的合法性、购买资产的独立性（完整性），明确提出交易价格区间，提请董事会决策。关于市场化并购重组要不要编制备考报表和盈利预测报告事项，我个人非常倾向于编制并披露，因为这是并购重组行为的内在要求，目的在于赢得投资者和社会公众对企业成长性的信心。从以往存在的问题看，一些公司的盈利预测没有对并购重组导致的公司经营和管理调整、整合行为、并购重组风险等进行特殊考虑或重大揭示，有些盈利预测与收益法评估预测在收入、成本、折旧摊销、利润等方面不一致，可能导致误导误判。因此，建议并购重组双方、财务顾问会同相关中介机构高度重视这个问题，把宏观因素、会计政策、税收政策、评估因素考虑全面，提交一份经得起审核和时间检验的盈利预测报告。鉴于并购重组后必然要重构公司治理，如更换董事会、监事会成员，聘请高管层成员等，提名与薪酬委员会要对董监高的任职条件提出明确要求和选聘标准，组织选聘工作，并对候选人的资质进行审查，提请董事会选聘。同时，提名与薪酬委员会还要制定绩效考核标准，负责对高管层的业绩考核和薪酬发放，并负责对董事会、监事会的考核，为市场化并购重组创造良好的氛围。

特别需要指出，高管层是并购重组战略的具体实施者，在整个并购重组过程中扮演最重要的角色，高管层的素质决定并购重组的成败，高管层的博弈能力决定购买价格的高低。因此，市场化并购重组，依靠企业自主决策，主要程序是，高管层根据董事会制定的发展战略，首先提出并购重组预案，提交董事会战略决策，董事会讨论通过后要授权高管层组织实施，尤其是交易价格，董事会授权高管层的不是绝对值，而是交易价格区间，高管层应展开序贯博弈，经过轮流出价，最终达成交易价格，最后提交股东大会表决，关联股东回避表决。关于如何理解《国务院关于进一步优化企业兼并重组市场环境的意见》中提出的“兼并非关联企业不再强制要求作出业绩承诺”的问题，我认为不再强制要求的提法是客观的、实事求是的，兼并非关联企业不同于同一控制下的并购。如前所述，交易价格是在估值的基础上经过充分博弈形成的，再给被兼并方附加业绩对赌的强制要求是不公平的。然而，如果并购重组双方为交易价格问题迟迟争论不休，可以搁置争议，附加承诺：在未来一定期限内如 3～5 年，如果被购买资产的价值发生较大变化，如超过或低于购买基准日 20％及以上，一方应给另一方作出补偿。这样做，既加快了并购重组进程，不至于贻误时

机；又有利于保护中小股东利益。建议并购重组双方高管层正确理解和应用。

三、实现定价机制市场化改革，成功的关键是监管部门的过程监督和事后问责必须到位，中小投资者的切身利益能够得到有效保障

《国务院关于进一步促进资本市场健康发展的若干意见》明确指出，要处理好创新发展与防范风险的关系。以市场为导向、以提高市场服务能力和效率为目的，积极鼓励和引导资本市场创新。同时，强化风险防范，始终把风险监测、预警和处置贯穿于市场创新发展全过程，牢牢守住不发生系统性、区域性金融风险的底线。《国务院关于进一步优化企业兼并重组市场环境的意见》也指出，要加强上市公司和非上市公众公司信息披露，强化事中、事后监管，严厉查处内幕交易等违法违规行为。为此，应该明确并购重组定价机制市场化改革的清晰思路：决策及责任主体为并购双方董事会，落实决策、具体操作主体为各自管理层；市场参与者为财务顾问及评估师、会计师、律师等，各自承担相关法律责任，并要加大责任；市场监管者为证券监督部门、交易所、行业协会及广大投资者。证券监管部门从审批审核中解脱出来，回归本源，集中精力抓监管，完全符合市场化并购重组发展趋势。但监管的方式、手段、内容亦应与时俱进。以定价机制改革为例，在监管方面应该做到以下三点：

第一，明确监管标准。例如，市场化并购重组要不要明确以价值评估为必备环节？如果要，是否需要明确评估主体、评估方法、价值表述等规范标准？如果不要，投资者如何衡量交易定价的公允性？我的个人意见是，企业自主定价聘请中介机构评估估值是必备环节，并且要明确财务顾问估值验证的责任。对评估方法可以不做统一规定，但评估结果要表述为价值区间，并且要有两种以上方法相互验证可交集的价值区间。只有这样，中小投资者才能够判断该并购重组的合理性，才能够增强投资信心。

第二，开发自动识别舞弊、错误信息、异常数据清洗系统，将不合格的案例拒之门外，降低监管成本，降低中小投资者识别风险的成本。企业自主决策、自主定价，更应强化信息披露，建议将评估机构的评估报告、财务顾问估值报告的正文及说明以及并购主体的董事会审计委员会的审核意见都作为披露要件，在交易所网站及时披露，证券监管部门及时将审计、评估估值资料录入自动清洗系统，若发现异常指标及时予以排查。

第三，建立举报制度，严肃查处违法违规案例。举报制度在资本市场建设中起着不可忽视的威慑作用。举报行为在我国传统文化中被当做贬义词使用，认为举报是“小人”之举；而在西方文化中，举报制度则是大集体利益和公众利益的体现。制度经济学早有研究，把合作建立在自我约束和利他主义之上，远不如建立在法律和合同之上。所以，市场化并购重组更应鼓励广泛的社会监督。

程凤朝

2014 年 5 月 18 日于北京

参考文献

[1] Joshua Rosenbaum and Joshua Pearl. *Investment Banking*. John Wiley &Sons Inc.，2009

[2] 赵立新，刘萍．上市公司并购重组市场法评估研究．北京：中国金融出版社，2012

[3] 赵立新，刘萍．上市公司并购重组企业价值评估和定价研究．北京：中国金融出版社，2011

[4] 程凤朝．中国上市公司并购重组实务与探索．北京：中国人民大学出版社，2013

[5] Aswath Damodaran. 投资估价确定任何资产价值的工具和技术．北京：清华大学出版社，2004

[6] 蒂姆·科勒．价值评估——公司价值的衡量与管理．北京：电子工业出版社，2007

[7] 程凤朝，刘家鹏．上市公司并购重组定价问题研究．会计研究，2011（11）

[8] 恩里克·R·阿扎克．兼并、收购和公司重组．北京：机械工业

出版社．2011

［9］莎伦·P·普拉特，罗格·J·格拉博斯基．资本成本：应用和案例（第四版）．北京：经济科学出版社，2014

［10］邵万钦．美国企业并购浪潮．北京：中国商务出版社，2005

［11］帕特里克·A·高根．兼并、收购和公司重组．北京：中国人民大学出版社，2010

［12］查尔斯·R· 盖斯特．华尔街投资银行史．北京：中国财政经济出版社，2005

［13］查尔斯·盖斯特．百年并购．北京：人民邮电出版社，2006

［14］程凤朝，刘旭，温馨．上市公司并购重组标的资产价值评估与交易定价关系研究．会计研究，2013（8）

［15］巨潮资讯网站：本书中所有案例数据除上述标注出处外均来自巨潮资讯网站

［16］Didier Cossin. "Board Education—Focus and Dedication Are Central to Success," *Chartered Secretary Magazine*, 2012（3）

［17］Didier Cossin. "The Four Pillars of Board Effectiveness," IMD Global Board Center，2014

［18］Didier Cossin and Estelle Metayer. "Board & Strategy," IMD Global Board Center，2014

［19］Didier Cossin. "Crisis Risk," IMD Global Board Center，2014

［20］中国资产评估协会．资产评估准则——企业价值

［21］中国股权投资基金协会．国际股权投资和创业投资估值指引，2010

图书在版编目（CIP）数据

可比公司法应用研究/程凤朝著．—北京：中国人民大学出版社，2014.9
ISBN 978-7-300-19913-9

Ⅰ.①可…　Ⅱ.①程…　Ⅲ.①企业-价值论-研究　Ⅳ.①F270

中国版本图书馆 CIP 数据核字（2014）第 201881 号

可比公司法应用研究

程凤朝　著

Kebi Gongsifa Yingyong Yanjiu

出版发行	中国人民大学出版社		
社　　址	北京中关村大街 31 号	**邮政编码**	100080
电　　话	010－62511242（总编室）		010－62511770（质管部）
	010－82501766（邮购部）		010－62514148（门市部）
	010－62515195（发行公司）		010－62515275（盗版举报）
网　　址	http：//www. crup. com. cn		
经　　销	新华书店		
印　　刷	涿州市星河印刷有限公司		
开　　本	720 mm×1000 mm　1/16	**版　　次**	2014 年 10 月第 1 版
印　　张	15.25 插页 1	**印　　次**	2024 年 6 月第 2 次印刷
字　　数	191 000	**定　　价**	76.00 元